하나님의 목적을 향한 공동체 예술

지속 · 이해 · 구체화 · 연결 · 분석 · 자극 · 개진

Kristin van Lieshout

하나님의 목적을 향한 공동체 예술
지역 예술 공동창작을 어떻게 구현할 것인가

저자 브라이언 슈라그(Brian Schrag), 줄리사 로웨(Julisa Rowe)

번역 김사랑

감수 김조이, 윤성운, 김연희

편집 디자인 김석범(디자인엔트)

저작권 Copyright ⓒ GEN(Global Ethnodoxology Network) | www.worldofworship.org

인쇄 및 출판 윌리엄 캐리 출판사(William Carey Publishing)

이 책은 저작권법에 따라 보호받는 저작물이므로 무단 전재와 복제를 금지하며,

이 책의 전부 또는 일부를 이용하려면 반드시 저작권자와 윌리엄 캐리 출판사의 서면 동의를 받아야 합니다. (사용 허락 관련 문의 permissions@wclbooks.com)

* 모든 성경 인용문은 달리 명시되지 않는 한, 원문은 NIV 버전을, 번역문은 개역개정본을 사용합니다.

* 한글 번역본 관련 문의는 '아트인미션 코리아'에 해주시기를 바랍니다. (문의 artsmission.kr@gmail.com)

Community Arts for God's Purposes: How to Create Local Artistry Together

Copyright © 2020 by GEN (Global Ethnodoxology Network)
All rights reserved. No part of this book may be reproduced, stored in a retrieval system, or transmitted in any form or by any means—electronic, mechanical, photocopy, recording, or otherwise—without prior written permission of the publisher, except brief quotations used in connection with reviews in magazines or newspapers. For permission, email permissions@wclbooks.com.

All Scripture quotations, unless otherwise indicated, are from the Holy Bible, New International Version® (NIV®), copyright © 1973, 1978, 1984, 2011 by Biblica, Inc.TM Used by permission of Zondervan. All rights reserved worldwide. www.zondervan.com

Scripture quotations marked NLT are from the Holy Bible, New Living Translation.® copyright © 1996, 2004, 2007 by Tyndale House Foundation. Used by permission of Tyndale House Publishers, Inc., Carol Stream, Illinois 60188. All rights reserved.

Published by William Carey Publishing
10 W. Dry Creek Cir
Littleton, CO 80120 | www.missionbooks.org

* William Carey Publishing is a ministry of Frontier Ventures
Pasadena, CA 91104 | www.frontierventures.org

Mike Riester, cover and interior design
Kristin van Lieshout, cover art
Julie Johnson, simplification editor

ISBN: 9781645083757 (Korean paperback)
9781645083771 (epub)
9781645081807 (English paperback)

Printed Worldwide
27 26 25 24 23   1 2 3 4 5   IN

Library of Congress data on file with the publisher.

하나님의 목적을 향한 공동체 예술

지역 예술 공동창작을 어떻게 구현할 것인가

브라이언 슈라그, 줄리사 로웨

WILLIAM CAREY PUBLISHING
Available at missionbooks.org

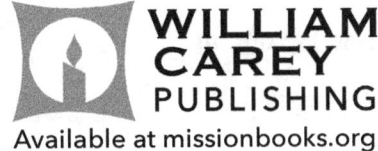

목차

추천사 5
서문 7
기초 정리 11

지역 예술 공동창작(Creating Local Arts Together) 방법
단계 1: 지역 공동체와 그들의 예술 장르를 이해한다 35
단계 2: 하나님 나라의 목표를 구체화한다 41
단계 3: 예술 장르와 목표를 연결한다 49
단계 4: 장르와 행사를 분석한다 53
단계 5: 창작 활동을 통해 창조성을 자극한다 75
단계 6: 창작 활동 결과를 개선한다 83
단계 7: 창작 활동의 지속 가능성을 모색한다 87

요약
1. 공동체 예술 분석표(CAP) 개요 89
2. 주요 결정 요약문(Summary Decision Rubric) 93
3. 지역 예술 공동창작(CLAT) 요약 95

자료 색인
자료 1: 신중한 상황화 14
자료 2: 간단한 예술 참여 활동 27
자료 3: 지역 예술 공동창작 29
자료 4: 지역 예술 공동창작(CLAT) 요약 34
자료 5: 공동체 연구하기 – 몇몇 질문들 36
자료 6: 예술적 소통 행위를 알아보는 방법 38
자료 7: 모노(콩코민주공화국)의 장르 대조표 39
자료 8: 목표와 장르 연결을 단순화한 도표 50
자료 9: 음원 및 영상 기록을 위한 간단한 조언 54
자료 10: 연구에 적합한 예술 행사의 특징 55
자료 11: 공연 특징의 여러 항목 61
자료 12: 창조성 자극 활동을 설계할 때 기록해야 할 사항 81
자료 13: 효과적인 평가를 위한 접근법 85

추천사

"하나님께서는 모든 공동체에 예술을 가지고 진리를 말할 수 있는 고유한 능력과
어려움 속에서도 예술로 치유와 희망과 기쁨을 일으킬 수 있는 능력을 주셨다."

이 책은 한국교회에 일반화된 타문화권 선교에 대한 좁은 견해를 더욱 넓힐 수 있도록 안내하고 도전한다. 이 책을 통해 우리는 모든 문화가 그들의 능력과 재능을 사용하여 하나님을 찬양하고, 하나님의 뜻에 순종하며, 궁극적으로 하나님을 즐거워하는 일이 가능하다는 사실을 발견하게 된다. 이 책에는 사역자들이 지역에 있는 음악가, 무용가, 배우, 화가, 조각가 등 지역 예술가들과 함께 일하면서 노래, 춤, 드라마, 그림, 조각, 이야기 등과 지역 사람들의 창의력을 통해 하나님 나라를 자연스럽게 이해할 수 있도록 돕는 방안들을 고민하고 정리한 내용으로 가득하다. 또한 복음이 외부로부터 온 전혀 새로운 것이라는 한계에 갇히지 않게 한다. 이미 그 문화 안에 존재하는 다양한 상황과 방법을 활용하여 하나님의 창조와 타락, 구속과 재창조의 흐름을 이해할 수 있도록 도울 수 있다는 점을 강조하고 있다. 예술을 통한 선교라니, 이 얼마나 흥미롭고 풍요로운가! '공동체 안에 부여된 예술의 능력'이 하나님을 찬양하고 예배하는 본연의 목적을 회복하는 일을 위해 소망의 길을 만들어 낼 수 있음을 그리고 그 길이 복되고 아름다운 과정임을 보여 주며 이 일에 참여하고 싶은 생각을 강력하게 이끌어 낸다. 또한 기존의 선교 방식인 교회 개척과 복음 선포에 대한 이해와 방법의 틀을 확장하는 데 도움을 받는다. 이 책이 집중하는 예술이라는 맥락을 빼더라도, 전반적인 내용은 일반 선교학, 선교 훈련, 전도 훈련에서도 적용할 만한 방법론으로도 손색이 없다. 타문화뿐 아니라, 자문화 안에서도 복음 전도를 열망하는 모든 그리스도인에게 강력하게 추천한다.

이대행 선교사 | 엠브릿지(M-bridge) 선교회 대표, 전 선교한국 사무총장

요한계시록 7장, 하나님 나라의 완성에는 합창과 연주가 있다. 무대가 있으니, 미술과 영상과 댄스와 조명과 음향 엔지니어도 함께하겠다. 이것은 어떤 모습일까? 모든 민족과 방언으로 이뤄지는 예배라면, 이 모든 예술 역시 인류의 다양성을 반영하지 않을까? 우리의 복음 증거는 궁극적으로 종말론적 소망을 담는다. 인류의 자기표현인 예술 가운데 이 소망을 담고자 할 때 어떻게 하면 좋을까?
이 책은 예술의 지역성을 격려함을 통해서 복음을 이해하고 나누려는 이들을 위한 구체적인 가이드라인이다. 깊지만 동시에 실용적이어서, 이 필요를 느끼는 이들에게 안성맞춤이다. 왜 이런 책들이 진작에 나오지 않았을까? 이제라도 나왔으니, 어찌 감사하지 않으랴? 예술을 사랑하는 모든 이들에게 적극 추천한다.

조샘 선교사 | 인터서브 코리아 대표. 전 중국 연변과기대 교수, BAM 운동가

예술은 말로 담을 수 없는 깊은 실재를 포착하고 표현한다. 언어는 하나님의 이야기를 명제와 논리로 정확하게 표준화시킨다. 반면, 예술은 하나님의 이야기를 느끼게 하고, 더 나아가 그분의 변혁적 이야기에 사람들을 참여하게 한다. 따라서 예술은 하나님 나라를 드러내는 증거들이다. 이 책은 지역 공동체의 창조적 활동으로 예술 선교를 전개하는 방법을 제시한다. 예술이 하나님 나라를 드러내는 선교의 매체라면, 그것은 예수 그리스도의 성육신 원리에 따라 지역 공동체 안에서 하나님 나라의 창조성을 발견하고 표현하는 데 사용될 것이다.
최근 복음 전파와 영적 성장에서 상징이나 경험과 같은 비언어적 영역의 비중이 높아지고 있다. 독자들은 이 책을 통해서 예술의 고유한 특성 속에서 하나님의 일하심을 얼마나 풍성하게 드러내고 경험할 수 있는지에 관한 귀중한 단서를 얻을 수 있을 것이다. 나아가 교회들이 지역 공동체와 함께하는 선교 사역 매뉴얼로 사용하여 선교적 교회 운동, 마을 목회 등에 예술적 접근을 시도한다면 좋은 효과를 볼 수 있을 것이라 기대한다.

김선일 교수 | 웨스트민스터신학대학원대학교 선교와 문화 교수

서문

이 장에서는 먼저 여러 주요 개념을 소개하고자 한다. 이 책의 나머지 부분에서 이 개념들을 자세히 풀어 설명할 것이다.

주요 개념(Big Ideas)

예술적 창조성(artistic creativity)이란 지식과 기술에서부터 물리적 자원과 사회적 양식, 다양한 역할을 행하는 사람들에 이르기까지 여러 요소가 맞물려 있는 체계이다

이 창작 체계(creative system)를 완벽하게 기술하기는 어려운 일이라, 어떤 공동체에 속해 있는 사람이든 자신들만의 창작 체계를 적절하게 설명하기란 쉽지 않다. 이 책은 그러한 창작 체계의 역학을 상세하게 드러낼 수 있도록 돕는 과정을 담은 매뉴얼이라 할 수 있다.

특정 의미를 어디에서나 의도한 대로 전달할 수 있는 보편적인 예술 형식은 없다

사람들은 "음악이 인류 보편의 언어"라는 말을 진리라고 받아들이고, 모든 문화에서 같은 방식으로 통용된다고 믿는다. 이 말은 미국의 시인 헨리 워즈워드 롱펠로우(Henry Wadsworth Longfellow)가 "음악은 인류의 보편적인 언어이고, 시는 보편적인 오락과 즐거움이다"라고 언급한 데서 비롯되었다. 그러나 정작 롱펠로우는 이탈리아어, 스위스어, 스코틀랜드어, 영어, 스페인어 등 여러 언어로 된 노래가 보여 주는 음악의 다양성을 칭송할 뿐, 음악이 모든 문화 안에서 똑같을 것이라고 말하지 않는다. 음악을 비롯한 여러 예술 형태는 어디에나 존재하지만, 예술적 소통은 각 집단마다 다른 종류의 특정한 형식과 의미를 가지는 것이다.

지역 공동체의 창조성(local creativity)은 외부에서 제공할 수 없는 본질적인 유익을 가진다

지역 공동체의 창조성은 일상과 관련이 있어 쉽게 익힐 수 있고, 공동체 안에 깊이 스며들 수 있으며, 매력적인 소통을 가능하게 하여 교육과 동기 부여의 토대를 마련해 준다.

모든 지역 공동체는 창조적 활동을 할수록 더 많은 유익을 얻을 수 있다

모든 지역 공동체는 더 많은 창조적 활동이 필요하다. 예술이 침체되거나 사장되고 있는 인류 언어학적 소수집단의 경우 그 계발이 더욱 시급하다.

특정 창작 활동은 공동체의 목표에 도달하는 데 도움을 줄 수 있다

이 책은 7단계 방법에 대해 기술한다. 이 방법은 '지역 예술 공동창작'(Creating Local Arts Together, 이후 CLAT)[1]이라 부르는데, 이 방법을 실천한 공동체 안에서 긍정적인 변화가 일어났음을 확인할 수 있었다.

7단계 방법을 실행하는 '예술 지원 활동가'(arts advocate)는 지역 공동체의 창작 활동에 긍정적인 영향을 줄 수 있다

예술 지원 활동가는 공동체의 내부자이거나 외부자, 혹은 두 정체성 모두를 갖는 사람일 수 있다.

예술 지원 활동가의 기본적인 역할은 다른 이들이 새로운 예술 활동을 하도록 격려하는 데 있다

지역 공동체를 위한 예술 지원 활동가의 태도는 지역 예술을 배우고, 지역 공동체와 대화하며 지역 창조 활동을 지원하고 격려하는 것이다.

먼저 공동체의 예술 장르를 배우라

이 매뉴얼의 기초는 공동체 안에 이미 존재하고 통용되는 예술을 이해하는 데 있다. 따라서 공동체의 첫 번째 임무는 지역 공동체 내에 어떤 예술 장르들이 있는지 정리하는 것이다. <단계 1: 지역 공동체와 그들의 예술 장르를 이해한다>를 참조하라. <단계 4: 장르와 행사를 분석한다>에서는 지역 예술이 음악, 춤, 드라마, 구술/언어 예술, 시각 예술 등 서구권 예술 분야와 어떻게 연관되는지 살펴볼 수 있다. 그러나 서구의 예술 범주로 시작하는 것보다 공동체 내의 장르를 먼저 파악하는 것이 혼란을 덜 수 있다. 그러므로 지역의 예술 유형을 분류하는 것으로 시작하라.

우리는 하나님의 광대한 이야기와 연결하여 오늘날 교회의 선교를 이해해야 한다.

"하나님께서 천지를 창조하셨지만, 인간이 하나님과의 관계를 깨 버렸다. 그러나 예수님께서 하나님 나라를 회복하셨고, 결국 하나님께서 새 하늘과 새 땅에서 모든 것을 온전하게 하실 것이다."

그리스도인들은 기독교 역사가 만들어 온 예술을 발전시켜야 할 뿐 아니라, 그보다 먼저 하나님의 예술성을 알아차려야 한다. 우리에게 주어진 예술의 목적이 하나님의 창조 세계의 일부이자 하나님 나라에 속한 것임을 기억해야 한다.

---

1) Co-creation으로도 알려져 있다.

누가 '지역 예술 공동창작'(CLAT) 방법을 사용해야 하는가

이 매뉴얼은 원래 선교사나 국제구호단체 종사자들과 같이 타문화 상황에서 전문적으로 일하는 그리스도인을 위해 제작되었다. 그러나 여기에 소개된 '지역 예술 공동창작' 방법론은 비교적 문화 차이가 적은 상황에도 소개되어 적용되고 있다. 지역 교회를 섬기는 한 찬양 사역자는 다음과 같이 말했다. "우리 사역에도 이 방법론이 필요합니다. 우선 우리 성도들을 이해한 후 하나님의 목적을 위해 새로운 것을 시도하려는 여러 예술가들을 도울 수 있을 것입니다."

이 사역자의 말은 타당하다. 모든 개개인은 다른 사람이 완벽하게 알 수 없는 고유한 경험과 생각, 신경학적 관련성, 신체 특징, 감정, 그 외 다양한 특성을 가진다. 따라서 언어와 세계관, 지리적 상황, 식습관, 사회적 관습 등이 다른 사람들과 관계를 맺기 위해서는 더 많은 노력과 노련함이 필요하다. 이를 위해 이 매뉴얼은 철저한 연구와 활동을 제공할 것이다.

이 접근법은 친한 친구나 배우자와 같이 가까운 지인들에게도 적용할 수 있다. 뿐만 아니라 '지역 예술 공동창작' 과정을 통해 우리 자신의 예술적 재능과 삶의 목적을 환기할 수 있으며, 미래를 개선하는 데 도움이 될 예술적인 창작 활동을 할 수 있을 것이다. 물론 이 매뉴얼에서 문화적으로 커다란 장벽을 넘은 사람들의 다양한 예를 보겠지만, 그 외 여러 적용 방법을 끊임없이 탐색하기 바란다.

책이 만들어지기까지의 과정 그리고 감사의 말

우선 이 책을 '지역 예술 공동창작(CLAT) 매뉴얼'이라 부르자. 이 매뉴얼은 민족예배학 핸드북[2]과 CLAT 워크북[3], 이 두 권의 책에서 가장 필수적인 정보들을 토대로 만들어진 요약본이다. 위 두 권의 책에는 많은 이들의 수고가 담겨 있는데, 이 매뉴얼은 그 가운데 가장 실제적인 아이디어와 방법들을 부각하여 더 많은 부류의 사람이 활용할 수 있도록 하였다.

이 매뉴얼은 수 세기에 걸쳐 벌어진 일들과 아이디어로 가득 차 있지만 동시에 현재를 이해하는 데 초점을 맞추고 있으며, 또한 보다 나은 미래의 비전인 하나님 나라를 추구한다. 민족음악학, 민속학, 공연학, 인류학, 성경학, 선교학 등 여러 학문 분야에서 비롯된 통찰이 모아졌고, 2천 년 교회 역사 속 예술적 사례들 또한 영감과 길잡이가 되었다. 근래에는 민족음악학(ethnomusicology)을 기독교적으로 적용하는 데 선구적인 역할을 했던 비다 체노웨스(Vida Chenoweth), 로베르타 킹(Roberta King), 톰 에이버리(Tom Avery) 등의 연구에 큰 빚을 졌다. 마지막으로 로빈 해리스(Robin Harris)와 세계 민족예배학 네트워크(Global Ethnodoxology Network, GEN)에서 보내 준 지지와 관계망이 아니었다면 이 매뉴얼은 만들어질 수 없었을 것이다.

---

2) Worship and Mission for the Global Church: An Ethnodoxology Handbook (William Carey Library, 2013)
3) Creating Local Arts Together: A Manual to Help Communities Reach Their Kingdom Goals (William Carey Library, 2013)

이 '지역 예술 공동창작' 매뉴얼은 여전히 불완전한 것으로 계속 발전해야 하며, 장소마다 다른 모양과 새로운 모습으로 탈바꿈하게 될 것이다. 이 책의 틀과 내용 그리고 오류와 누락된 것에 대해서는 저자들이 책임을 갖는다. 그러나 이제는 당신에게 주어졌다. 당신은 이 매뉴얼을 익히고 실행하며 필요한 내용을 추가하거나 때로는 상황에 따라 버리기도 하면서 적절히 활용할 책임이 있다. 이로써 천국에서 알아보게 될 놀라운 예술성을 사람들이 이 땅에서도 발현하도록 도울 수 있을 것이다.

브라이언 슈라그 & 줄리사 로웨, 2020

기초 정리

하나님의 '모든' 목적을 위한 '모든' 세상의 '모든' 예술

현실 전 세계에 7,000여 개가 넘는 언어가 존재한다. 사람들은 말로 생각을 전달할 뿐 아니라 노래, 드라마, 춤, 시각 예술, 이야기와 같은 예술적 매체를 통해서도 소통한다.

현실 모든 공동체는 하나님과 불완전한 관계 안에 있으며, 사회적 불안, 폭력, 질병, 분노, 성적 부도덕, 염려, 공포 등으로 고심하고 있다.

현실 하나님께서는 모든 공동체에 예술을 가지고 진리를 말할 수 있는 고유한 능력과 어려움 속에서도 예술로 치유와 희망과 기쁨을 일으킬 수 있는 능력을 주셨다. 그러나 이러한 능력이 제대로 사용되지 못한 채 방치되거나 오용되고, 심지어 사라지기도 한다.

이 매뉴얼의 목적은 많은 그리스도인이 새로운 현실을 개척하는 데 참여하도록 안내하는 것이다. 새로운 현실이란, 온 마음과 생명과 뜻과 힘을 다해 하나님을 찬양하고 순종하며 즐거워하는 데(막 12:30 참조) 모든 문화가 그 능력과 재능을 사용하는 것이다. 즉, 이 매뉴얼은 당신이 음악가, 무용가, 배우, 화가, 조각가, 이야기 전문가(storyteller) 등 다양한 지역 예술가들과 함께 일할 수 있도록 도울 것이다. 또한 그들이 새로운 노래, 춤, 드라마, 그림, 조각, 이야기 등을 창작하는 데 영감을 얻도록 도움을 줄 수 있다. 동시에 다양한 공동체에 하나님 나라가 임하도록 그 지역 사람들을 돕는 데 유익을 줄 것이다.

우리는 하나님 나라를 향해 나아가는 방식으로 예술 창작 활동을 체계화해 왔다. 그렇다면 하나님 나라는 무엇인가? 예수께서는 하나님 나라가 이 땅에 임하기를 기도하라고 제자들에게 가르치시면서(마 6:10 참조) 하나님 나라가 자신과 그의 메시지의 핵심이라고 설명하셨다(막 1:15 참조). 예수께서는 하나님 나라가 엄청나게 확장될 것이라고 말씀하셨지만, 어떻게 확장될지에 대해서는 아무도 설명하지 못한다(막 4장 참조). 하나님 나라는 인간의 사회 체계와는 다른 가치를 유지하며(막 10, 12장; 눅 6장 참조), 치유와 영적 전쟁을 동반한다(눅 9, 11장 참조). 하나님 나라는 이 땅에서 분명한 실제로 천국을 반영한다. 하나님께서는 우리가 이 땅에서 그분의 나라를 확장하는 데 함께하기를 원하신다.

하나님 나라는 이 땅에서 부분적으로만 존재한다. 모든 지역 공동체는 하나님 나라와 유사한 면과 동떨어진 측면을 다 가지고 있으며, 어떤 인간 문화도 하나님 나라를 완전하게 드러내지 못한다. 하나님께서 인간을 그분의 형상으로 창조하셨기 때문에 어디에서나 그의 나라를 어렴풋하게 볼 수 있을 뿐이다.

하나님 나라의 가치와 영적 권위가 깊이 새겨진 공동체는 어떤 모습일까? 영과 진리로 하나님을 예배하는 그리스도인들의 본체가 확장되고, 공동체의 구성원들은 영적으로, 사회적으로, 신체적으로 더욱 건강하게 성장한다. 노인들은 하나님을 드러내는 문화를 젊은 세대에게 전수하고, 공동체의 모든 구성원은 그들에게 익숙하고 가장 잘 이해할 수 있는 언어로 된 성경을 가지고 있다. 젊은이들과 노인들 모두 성경 내용을 기억하고 자신의 삶에 말씀을 적용한다. 또한 공동체를 통해 정의와 정직, 건강과 기쁨이 드러나며, 공동체 구성원들은 소외된 사람들을 사랑으로 돌본다.

> 💬 **이 땅에서 천국을 보여 주는 실례를 본 적이 있다면 서로 나눠 보자.**

지역 안에서 소통할 수 있는 예술 양식은 영향력 있는 자원이다. 지역의 예술적 표현(Local artistic expression)은 문화에 내재되어 사회의 여러 중요한 측면과 연결되며, 일상 활동과는 구분되는 중요한 메시지를 드러낸다. 또 사람들을 지적으로 깨우면서도 감정적인 경험을 제공한다. 사람들이 들은 바를 기억하는 데 도움을 주고, 신체를 비롯한 다양한 매체를 통해 메시지의 효과를 높이며, 메시지가 담고 있는 정보에 주목하게 한다. 예술 행위자와 경험자 안에 연대 의식을 불어넣기도 한다. 더불어 지역의 다양한 예술 표현은 사회적으로 표현하기 어려운 생각이나 새로운 아이디어를 받아들이기 쉬운 형태로 제안하고, 이를 실천할 수 있도록 영감과 감동을 준다. 또한 강력한 정체성의 표상으로 기능할 수 있으며, 사람들이 상상하고 꿈꿀 수 있는 공간을 열어 준다. 무엇보다 가장 중요한 것은, 예술적 소통 양식이 지역 안에 이미 존재하고 있고 지역 구성원들에게 주어져 있다는 사실이다. 외국 자료를 가져와 번역할 필요가 없다. 하나님 나라의 확장에 기여할 수 있는 권한이 현지 예술가들에게 있기 때문이다.

> 💬 **예술적인 소통이 가진 특별한 힘을 본 적이 있다면 그 경험을 나눠 보자.**

이 방법론은 당신과 지역 공동체가 함께 작업하는 데 도움을 준다. 우선 공동체가 구축하기 원하는 하나님 나라의 특성을 함께 결정하도록 도울 것이다. 그리고 이러한 공동체적 목적을 완수하기에 적절한 지역 예술 장르를 찾는 방식을 보여 줄 것이다. 또한 지역에 이미 존재하는 장르를 가지고 창의적 영감을 불러일으킬 아이디어와 다양한 활동을 제공하며, 당신이 공동체의 창조성을 북돋는 데 참여할 수 있는 방법을 제시한다. 우리가 다른 이들의 창조성에 관심을 가지는 이유는, 공동체의 구성원들이 기존의 예술을 새로운 목적으로 활용할 뿐 아니라 앞으로도 지속적으로 이 목적을 추구하는 데 도움이 되기를 바라기 때문이다.

우리의 모델: 예수의 생애가 보여 주는 세 단계

다음은 바울이 예수님의 지상 사역에 관해 묘사한 것이다.

> "아무 일에든지 다툼이나 허영으로 하지 말고, 오직 겸손한 마음으로 각각 자기보다 남을 낫게 여기고, 각각 자기 일을 돌볼뿐더러 또한 각각 다른 사람들의 일을 돌보아 나의 기쁨을 충만하게 하라. 너희 안에 이 마음을 품으라 곧 그리스도 예수의 마음이니, 그는 근본 하나님의 본체시나 하나님과 동등됨을 취할 것으로 여기지 아니하시고, 오히려 자기를 비워 종의 형체를 가지사 사람들과 같이 되셨고, 사람의 모양으로 나타나사 자기를 낮추시고 죽기까지 복종하셨으니 곧 십자가에 죽으심이라"(빌 2:3-8)

예수의 성육신이 보여 주는 세 가지 특징은 우리가 어떻게 선교해야 하는지 보여준다.

1. **함께하라.** 예수께서는 아버지 하나님과 함께했던 '고향 문화'(home culture)를 떠나 팔레스타인 지역의 인간이 되셨다. 사역에 있어서 우리의 첫 번째 책무는 지역 공동체 안에서 사람들과 함께 살아가며 관계를 형성하는 것이다.

2. **그들로부터 배우라.** 예수께서는 본격적으로 사역을 시작하기 전, 30년 가까이 팔레스타인 공동체 안에서 인간의 문화를 배우셨다. 예술 지원 활동가로서 우리의 두 번째 태도는 사람들에게 그들이 속한 공동체의 예술과 그 목적에 관해 묻는 것이다. 그들로부터 배우는 과정은 긴 시간이 걸릴 수 있지만 그들에게 사랑을 보여 줄 기회가 된다.

3. **목적을 위해 일하라.** 예수께서는 30년 동안 인간에게서 배운 후에야 비로소 공개적으로 복음을 선포하고 자신의 목적을 이루셨다(마 4:23 참조). 그리고 그는 제자들과 함께 하나님 나라의 목적을 위해 일하셨다. 우리의 세 번째 선교적 실천은, 사람들에게 가서 그들로부터 배운 뒤 그들과 함께 하나님의 목적을 위해 일하는 것이다. 우리는 예술 지원 활동가로서 지역 공동체에 속한 친구 및 동료들과 함께 그들의 예술을 활용하여 그들의 목적을 성취할 방법을 모색하고, 이를 토대로 하나님 나라의 목적을 위해 함께 일할 것이다.

현장에서 무엇을, 어떻게 해야 할지 혼란스럽다면 위의 세 가지 기본적인 활동을 기억하라.

모든(all)

이 섹션의 제목에서 '모든'이라는 말이 세 번 사용된다. 이 말의 의미는 무엇일까?

'모든 예술'(All the arts)은 하나님께서 모든 예술을 은혜의 도구로 사용하기 바라신다는 것을 의미한다. 그러나 통용되는 모든 예술 형식을 현재 모습 그대로 원하신다고 말하는 것은 아니다. 그보다는, 하나님께서 판단하지 않으시는 이상, 어떤 예술 형식이 하나님 나라를 위해 사용될 만한 가치와 유용성을 가지는지 섣불리 판단하지 않는 것이다. 모든 공동체와 그들의 예술은 죄로 타락했으나 하나님은 그 모든 것을 구속하실 수 있다. 다만 하나님 나라의 예술로 통합되는 과정은 재창조를 요구한다(<자료 1>에서 '신중한 상황화'라고 불리는 평가 과정을 보라).

예를 들어, 모든 공동체 예술이 동등하게 하나님의 목적에 따라 사용되기 적절한 것은 아니다. 어떤 춤은 너무 비도덕적이거나 우상 숭배의 성격을 강하게 드러낼 수 있어서, 공동체의 현명한 신앙인들은 그 춤이 새 신자들을 옛 습관으로 돌아가게 만든다고 느낄 수 있다. 물론 우리는 하나님께서 최후에 모든 것을 회복시키실 것이라고 믿는다(마 19:28 참조). 그러나 오늘의 현실에 가장 적합한 예술 형식을 결정하는 데 있어 지역 신자들의 통찰이 길잡이가 될 것이고, 성령님께서 모든 과정을 인도하실 것이다. 하나님 나라로의 변화를 당신이 주도하려 하지 말라.

신중한 상황화(Careful Contextualization)[4]

특정 문화적 조건을 가진 예술 형식을 성경 원리에 맞게 활용하려 할 때 성령님의 지혜를 구해야 한다. 많은 기도로 빚어진 경험이 뒷받침되어야 이 모든 단계가 가장 현명하게 적용될 수 있다.

- 지역 구성원들로부터 예술 형식과 오늘날 통용되는 의미에 관한 정보를 취합하라.
- 지역 구성원들과 함께 예술 형식에 관련된 성경적인 가르침과 원리를 공부하라.
- 지역 구성원들과 함께 예술 형식이 갖는 의미를 성경의 가르침에 따라 평가하라.
- 이 과정에서 학습한 내용을 바탕으로 지역 구성원들 스스로 상황에 맞는 적절한 실천 방법을 만들기 위해 특정 예술 형식을 수용하거나, 거절하거나, 수정하는 결정을 하도록 격려하라.

<자료 1> 신중한 상황화

'모든 세상으로부터'(From all the world)는 예술적으로 소통하는 수천 가지 방식을 의미한다. 우리는 한계를 가진 인간이라 낯선 예술 양식을 자연스럽게 파악하기 어렵다. 특히 이질적인 타문화의 예술 양식을 알아보기란 더욱 어렵다. 따라서 이 매뉴얼의 목적 중 하나는 가능성 있는 예술 자원을 모두 볼 수 있도록 시각을 넓히는 데 있다. 예술을 바라보는 하나님의 관점에 더 가까이 다가가기를 원하는 것이다.

---

[4] 폴 히버트의 『선교와 문화 인류학』(죠이북스 역간)에서 개괄된 내용으로 원래 '비평적 상황화'(critical contextualization)로 알려져 있다.

'하나님의 모든 목적을 위해'(For all of God's purposes)라는 말은, 하나님께서는 예술 사용의 범위를 우리가 만든 범주에 국한하지 않으신다는 사실을 기억하게 한다. 성경에는 예술적 소통과 관련된 다양한 상황이 드러난다. 공적 예배, 가르침, 영적 전쟁, 기념행사, 의례, 교화, 개인의 성장, 치유, 고백, 추모, 그 외 여러 가지 목적을 가진 예술적인 소통을 보여 주고 있다. 이 매뉴얼은 의례적으로 사용되었던 예술의 친숙한 형태를 넘어 다양한 맥락을 생각해 보도록 돕는다.

예술이란 무엇인가

이 매뉴얼은 예술을 특별한 소통(communication) 방식으로 이해한다. 예술은 모든 소통 체계와 마찬가지로 특정 시간과 장소와 사회적 맥락과 연결되어 있다. 예술은 특별한 상징, 문법, 내적 구조 등을 가지는 것으로, 예술을 배우는 것은 외국어를 배우는 것과 같다. 예를 들어, 태국에서는 무용수가 어떤 이야기를 말하기 위해 팔과 목, 눈썹을 움직이는 법을 반드시 배워야 하지만, 다른 문화권에서는 팔, 목, 눈썹의 움직임이 이야기 전달에 있어서 그다지 중요하지 않을 수 있다. 어떤 예술적 언어도 시간, 장소, 문화의 경계를 넘어 명확하게 소통하기란 불가능하다. 따라서 새로운 형태의 예술을 이해하기 위해서는 관련 예술가와 교류하며 배우는 것이 중요하다. 지역 예술가들을 알아 가고 그들의 작업을 이해하는 것은 우리의 첫 번째 임무이다.

그러나 예술 형식을 통한 소통은 몇 가지 중요한 점에서 여타의 소통 방식과 다르다.
첫째, 예술로 소통하는 것은 일상적인 상호 작용보다 형식(form)을 다루는 일에 더 중점을 둔다. 예를 들어, 시 낭송은 소리의 패턴이나 각운, 유사음, 은유와 같은 방식에 집중하지만, 단순한 정보 교환은 이러한 형식에 주목하지 않는다. 또한 특정 발동작을 반복하는 드럼 연주는 형식에 크게 의존하지만, 단순하게 걸어서 이곳에서 저곳으로 이동하는 행위는 그렇지 않다. 신화 속 인물의 얼굴 표정을 표현하려면 특정 양식을 따라야 하지만, 일반인의 평범한 얼굴은 그렇지 않다.

둘째, 예술은 제한된 상호 작용으로 인해 그 독특함을 드러낸다. 예술 행사는 그 흐름이 어떻든 상관없이 시작과 끝이 있으며, 사람들은 그 사이에서 비통상적으로 양식화된 상호 작용을 한다. 민족음악학자인 루스 스톤(Ruth Stone)은 예술 행사를 "참여자들에 의해 일상의 자연스러운 세계에서 파생되었으나 그것과는 구별되는 것"으로 묘사한다.[5]

이 매뉴얼은 위의 내용을 비롯한 여러 특징을 통해 예술적인 소통 방식을 발견하고 설명할 수 있도록 돕는다. 또한 당신이 만나게 될 여러 공동체 안에서 예술적 소통 방식을 파악할 수 있도록 할 것이다. 이 매뉴얼은 예술에 대한 범위를 확장하여 중요한 소통 방식을 하나도 놓치지 않고자 한다. 예술적 실천에 대한 우리 관점은 스페인의 플라멩코, 브로드웨이의 뮤지컬 리허설, 카페에 걸린 그림, 딸에게 들려주는 아버지의 잠언, 묘지에서 들리는 운율 있는 통곡 소리를 아우른다. 이처럼 전 세계 사람들은 수만 가지 종류의 예술적 소통을 하고 있음

---

5) Ruth Stone, "Communication and interaction Processes in Music Events among the Kpelle of Liberia," PhD diss., Indiana University, 1979), 37.

에도 불구하고, 이 놀라운 자원들을 너무 쉽게 평가 절하하고 있다.

 당신의 공동체 안에 외부인이 이해하기 어려운 예술이 있다면 나눠 보라.

어떻게 예술과 문화가 상호 작용하는가

예술은 자기가 속해 있는 문화를 반영하고 또한 그 문화에 영향을 끼친다. 예술적인 소통 역시 문화의 다른 측면을 반영하고, 그 문화 안에 있는 사람들의 삶에 영향을 주고받는다. 예를 들어, 파푸아뉴기니의 칼룰리 공동체 구성원은 '쌓아 올리는 듯이 들리는'(lift-up-over sounding)이라는 은유적 표현을 사용한다. 이 말은 그들의 삶의 여러 측면에서 나타나며, 음악 제작의 기초가 된다. 예를 들면, 노래할 때 두 사람이 번갈아 음악을 이끌면서 서로 다른 소리의 층을 겹겹이 만들어 낸다. 이와 유사하게 칼룰리인들은 대화할 때 서로 '끼어든다'. 그들은 함께 '소리를 쌓아 가며' 공동으로 창작에 관여하는 것이다. 이 예시에서 음악 양식이 칼룰리 사람들의 소통 방식 안에 광범위하게 반영된 것을 알 수 있다.[6]

예술적인 소통 방식은 또한 문화를 변화시킬 수 있다. 사람들이 행동하는 데 동기를 부여하는 고유한 능력을 발휘하고, 연대 의식을 고양시킬 뿐 아니라, 사회적으로 수용 가능한 이견을 낼 수 있는 공간을 제공한다. 남아프리카의 아프리카 사도교회(African Apostolic Church) 여성들의 실천은 하나의 좋은 예시다. 이 여성들은 예배 중에 남성에 대한 불만을 드러낼 수 있다. 여성들에게 설교할 수 있는 권한은 없지만, 이들은 설교 중간에 노래를 부르면서 다음과 같이 얘기했다. "남자들이여, 아내에게 폭력을 멈추라. 그래야 당신은 천국에 갈 수 있을 것이다." 여성들이 부른 이 노래는 비판적인 의견을 담고 있음에도 보호받을 수 있는 상징적인 수단이 되었다.[7] 이 경우에서 보듯, 예술적 소통은 문화의 어떤 부분을 변화시키는 힘을 가진다. 한편 예술은 기존의 권력 구조를 강화할 수 있는데, 국가(national anthems)가 그 대표적인 예다.

창조성(Creativity)은 무엇인가

이 매뉴얼의 목적은 하나님 나라의 확장을 위해 예술적 창조성을 고취시키는 데 있다. 따라서 창조성을 어떻게 발휘할 것인가는 중요한 문제다. 예술적 창조성은 사람들이 새로운 행사나 향상된 의사소통의 결과물을 만들 때 일어난다. 창작자들은 이전에 없던 새로운 창작물을 만들면서 자신의 개인적인 기술과 문화 내에 존재하는 사회 양식, 기호 체계 등을 사용한다. 행사나 창작물의 새로움은 그 기본 구조나 독창성의 정도에 따라 달라지는데, 모든 문화는 각각의 고유한 방식으로 새로움을 평가한다.

한 문화에 속한 사람들이 어떻게 창작하는지 이해하기 위해서는 누가 창작자인지 찾아야 하며, 새로운 것을 만

---

6) Steven Feld, "Sound Structure as Social Structure," Ethnomusicology 28, no.3 (1984): 383-409.
7) Bennetta Jules-Rosette, "Ecstatic Singing: Music and Social Integration in an African Church," in More than Drumming: Essays on African and Afro-Latin Amerian and Musicians, ed. Irene V. Jackson (Westport, CT: Greenwood, 1985), 119-44.

들기 위해 필요한 기능과 지식, 기술 등이 무엇인지 알아내야 한다. 한편, 새로 창작된 작품이 한 사회에 진입하려면 결정권자(gatekeepers)가 그것을 수용해야 한다. 결정권자는 공동체에서 혁신을 받아들이는 데 강력한 영향력을 행사하는 사람이기 때문에 그들이 누구인지 파악하는 것이 중요하다. 또한 새 창작물로 인해 문제가 될 만한 규칙과 관습은 없는지 찾아보아야 한다. 공동체에서 새롭게 만들어진 작품을 평가하고, 배우고, 전수하는 데 있어 가장 영향력 있는 사람은 누구인가?

전통을 이해하는 것은 창조 활동에 중요한 기초가 된다. 전통은 고정불변의 산물이 아니다. 그보다는 한 사람이 다른 사람에게, 한 세대가 다음 세대에게 전통을 전달하는 과정에서 크고 작은 변화를 수반한다. 이 매뉴얼은 당신이 지역 공동체의 창작자들과 함께 작업할 수 있도록 돕고, 지속적인 전통이 될 수 있는 예술적 창작 활동에 영감을 주고자 한다. 전통은 사람들이 그 전통을 전수하고자 하는 동기를 유지할 때 지속되고, 사람들은 사회 조직이나 자원이 자신의 창조 활동을 지원할 때 동기를 유지해 나갈 수 있다. 이것은 음식 역사가인 존 엣지(John Edge)가 "전통은 지속되는 혁신이다"라고 언급한 것과 맥을 같이한다.[8]

이 매뉴얼에 기여한 모든 이들은 영감을 주거나 동기를 부여하는 탁월한 예술가들을 알아볼 수 있다. 재능 있는 개개인은 때때로 세상을 다르게 보기도 하고, 전통을 변형하거나 근본적으로 변화시킬 필요성을 느끼기도 한다. 전통을 변화시키는 사람들은 기준을 바꾸는데, 우리는 하나님과 그의 나라를 위해 창작의 기준을 바꿔 가는 이들을 지지하고 격려한다. 하나님 나라를 위한 창작 작업은 최고의 창조주와 창작자들을 직접적으로 연결하는 일이기 때문에 그 작업과 결과물을 향상시켜야 한다. 다만 이 매뉴얼은 공동체 활동으로서의 창조성에 주목하며, 모든 사람이 함께 참여하는 창작 활동을 강조한다. 아래와 같은 신념에 주목하라.

태초에 하나님이 창조하셨다.
- 하늘과 땅,
- 낮과 밤,
- 물과 흙,
- 식물과 동물 그리고
- 남자와 여자를.

하나님은 무(無)에서 창조하셨다.
존재하는 것이 없었으나 있게 되었고,
그것은 보기 좋았다.
하나님은 자신의 형상으로 우리를 만드셨다.
우리가 그 형상을 반영하는 한 가지 방법은 창조하고자 하는 열망과 능력에 있다.

---

[8] John T. Edge, Twitter post, Febrary 12, 2010, 6:49 A.M., http://twitter.com/johntedge/status/9009036481

우리는 만든다.
- 도시와 댐,
- 집과 상점,
- 옷가지와 가구 그리고
- 이야기와 노래, 춤과 가면들을.

우리는 하나님께서 이미 만드신 것으로부터 창작한다.
- 편지와 이메일을 쓸 때,
- 누군가와 인사하고 마음을 나눌 때,
- 음식을 만들거나 게임을 하거나 춤을 출 때,
- 자화상이나 만화를 그릴 때.

우리가 이전에 결코 해 보지 않았던 방식으로 무언가를 할 때, 이전에 가졌던 목적이나 상황을 반복하는 것이 아닌 새로운 목적과 상황 속에서, 우리는 하나님의 형상을 드러내게 될 것이다.

그리고 사랑이 우리를 이끌어 한 걸음 더 나아가게 한다. 아들과 딸, 형제와 자매를 제자 삼고, 누군가는 노래를 만들고 시를 짓거나 의자를 만들고, 누군가는 성경을 번역하거나 난민들을 가르치고 아이들을 기르는 일을 돕게 될 것이다.

우리가 누군가의 창조적인 활동을 독려하고 그들에게 영감을 줄 때마다 우리는 가장 높고 만족스러우며 지속적인 사랑을 실천하는 것이다.

우리는 하나님이 아니지만, 그분의 창조성은 우리를 통해 흘러간다.
그 속에서 우리는 그분과 같이 되는 것이다.

1. 당신의 창조성이 드러났던 예를 나눠 보라.
2. 당신이 타인의 창조적 활동을 도운 적이 있다면 이야기해 보라.

누구를 격려할 것인가

대부분의 사람은 하나 이상의 언어로 소통하며, 또한 다양한 지역과 전통에서 비롯된 음악, 춤, 이야기 등 여러 예술 형식을 활용한다. 각각의 공동체는 지역, 국가 및 국제적인 영향이 혼합된 변화무쌍하고 독특한 예술을 가지며, 그 공동체에 속한 각 개인 역시 지역, 국가 및 국제적인 영향으로 형성된 고유한 예술 활동을 한다. 그렇다면 당신은 어디로 가서 어떤 공동체와 협력할 수 있을까? 이 질문에 대한 답은, 당신이 함께할 공동체가 선교 역사의 흐름과 당신의 개인적인 소명에 얼마나 부합하느냐에 따라 결정된다.

예술 선교에 관한 세 가지 접근 방법
역사적으로 그리스도인이 믿음을 전파한 세 가지 방식은 다음과 같다.
1) 자국 문화 예술 전달(Bring It – Teach It)
2) 문화 간 공동 예술 개발(Build New Bridges)
3) 현지 예술 발굴 및 개발 지원(Find It – Encourage It)

위의 세 가지 방식은 서로 구분되지만 또한 복합적인 연관성을 가진다.

1) 자국 문화 속 예술을 전달하는 접근법은 타문화권에서 일하는 사람들이 자문화의 예술 양식을 그대로 '가져와서 가르치는' 방식을 말한다. 결과적으로 그들은 지역 공동체에 외국의 이질적인 예술 양식을 가르치게 된다. 교회 역사를 통틀어 타문화 사역자들은 이러한 접근 방식을 오랫동안 행해 왔으며, 오늘날에도 이 방식은 여전히 지속되고 있다. 필자가 콩고민주공화국의 시골 지역에 도착한 지 일주일도 지나지 않아 "에캉게넬리 나 예수"(Ekangeneli Na Yesu)를 부를 수 있었다. 이 노래는 이전에 사역했던 선교사들이 서양곡인 "올드 랭 사인"(Auld Lang Syne) 선율에 링갈라(Lingala) 언어로 된 가사를 붙여 만든 곡이다.

자국 문화의 예술을 '가져와서 가르치는' 접근법은 세계 모든 사람을 통합할 수 있는 공통된 예술 언어를 만들어 낼 수 있을지 모른다. 간혹 만족스럽고 즐거운 문화적 융합을 이끌어 내거나 하나님을 예배하는 데 있어 신비감을 불러올 수도 있다. 그러나 이 방법은 감정과 메시지를 잘못 전달하는 등 위험하고 부정적인 결과를 가져오기도 한다. 지역 공동체 구성원들이 하나님을 외국 신으로 이해하게 되거나, 지역 예술가들이 소외감을 느껴 창작에 대한 사기가 저하될 수 있다. 결국 지역 공동체가 기독교를 자신과 무관하다고 여기게 되어 하나님 나라의 다양성이 약화될 수 있다.

2) 문화 간 공동 예술을 개발하는 접근법은 자문화와 타문화 사이에 '새로운 다리를 만드는' 방법으로, 이 방식에 관심을 가지는 이들은 자신의 예술 활동을 사역에 효과적으로 적용하기 위해 지역 공동체의 예술을 충분히 익힌다. 예를 들어, 예술 치료사들은 상처 받은 아이들을 치료하는 과정에서 현지 재료나 노래를 활용하곤 한다. 또한 이 접근법은 서로 다른 문화를 배경으로 하는 예술가들이 공통의 목적을 위해 협업하는 것도 포함한다. 이 과정을 통해 만들어진 결과물은 한 개의 문화를 배경으로 한 예술 활동보다 더욱 다양한 특징을 갖게 된다.

공동 예술을 개발함으로 '문화 간 다리를 놓는' 이 접근법은 적용하는 데 상대적으로 짧은 시간이 소요되기 때문에 공동체 안에서 트라우마를 경험한 이들에게 효과가 크다. 트라우마를 입은 공동체는 예술적인 표현을 하기에 에너지나 자원이 거의 없기 때문에, 이 접근법은 이러한 공동체에 좋은 선택이 될 수 있다. 또한 이 방식은 모든 구성원이 자신의 예술을 동등하게 공유할 수 있는 건강하고 독립적인 관계를 촉진한다. 그러나 타문화 사역자와 지역 공동체 예술가들 사이에 힘의 차이가 두드러질 때 문제가 발생하는 데, 외부인의 높은 사회적 지위가 지역 예술가들의 의지와 용기를 위축시킬 수 있다. 그리고 문화 간 공동 예술 개발의 결과가 지속되지 못할 수도 있다. 지역 전통과 사회 구조 안에 깊이 뿌리내리지 못한다면 새로운 예술 협력의 결과는 사라질 것이다.

3) 현지 예술을 발굴하고 개발을 지원하는 접근법을 적용하는 타문화 사역자는, 현지에서 활용할 수 있는 예술을 '찾고' 그 활용을 '격려하기' 위해 먼저 지역 예술가들과 그들의 예술에 대해 배운다. 이들은 지역 예술가들이 가장 잘 알고 있는 형식으로 창작 활동을 할 수 있도록 독려하는 방식을 익힌다. 이때 사역자들은 누군가의 창조적 활동을 돕는 지지자로서 새로운 창작물이 나오는 데 일조하게 되며, 그 새로운 창작물은 공동체에 유기적으로 연결된다. 이 접근법은 위의 다른 두 접근법보다 공동체 구성원들과 긴 기간 동안 교류하고 배우는 끝없는 헌신을 요구한다.

위의 세 가지 방식 모두 불완전하다. 하지만 '지역 예술 공동창작'은 세 번째 접근법에 기초해서 사역하는 이들을 위해 만들어졌으며, 그 이유는 다음과 같다. 첫째, 예수 그리스도를 우리의 근본적인 모델로 삼았기 때문이다. 하나님 나라의 왕인 예수께서는 인간이 되기 위해 천국 문화를 떠나 이 땅에 오셨다. 그는 30년 남짓 약자들의 사회에서 걷고 말하고 노래하면서 땅의 문화를 익히셨다. 그 후에 전적으로 자신의 사역을 시작하셨다(빌 2장 참조). 예수와 같이 우리 또한 지역 사회 주민들과 함께하고 그들로부터 배우면서 그들에게 다가가야 한다. 둘째, 우리는 그동안 교회가 선교 전략에 있어서 이와 같은 접근 방식을 무시해 왔다고 본다. 그리고 그 결과는 비극적인 경우가 적지 않았다.

 하나님 나라를 전하는 세 가지 방식 – '자국 문화 예술 전달', '문화 간 공동 예술 개발', '현지 예술 발굴 및 개발 지원' 등에 대한 경험이 있다면 그 실례를 나눠 보라.

당신의 특별한 부르심
당신의 한정된 재능, 시간, 에너지를 지역 공동체 안에서 나누려는 결정에 도움을 주기 위해 세 가지 기준을 제안한다.

첫째, 하나님께서 일하시는 곳을 당신에게 보여 주시기를 기도하라. 이때 기억해야 할 것은, 그분의 목소리가 크고 분명하지 않을 수도 있다는 점이다.

둘째, 지역 사회 구성원들과 함께 발견 과정(discovery process)을 시작하라. 그들과 함께할 때 어디서 어떻게 일해야 할지 지혜를 얻을 수 있을 것이다. 또한 당신의 배경과 이 매뉴얼의 접근법들을 통해 의미 있는 지식과 경험이 쌓였을 테니 잘 활용하면 좋을 것이다. 지역 공동체의 결정 과정을 따르기로 했다면, 당신의 관점에 따라 겸손하게 진리를 말하도록 하라.

셋째, 지역과 민족 안에 뿌리내린 오랜 전통을 대표하는 지역 예술가들을 특별히 주목하라. 지역 예술가들은 고유한 기술과 지식을 가지고 있기에 그들에게 더 관심을 기울일 필요가 있다. 많은 지역에서 그들의 기술과 지식이 사라질 위험에 처해 있다. 하지만 지역 공동체가 번성하기 위해서는 깊이 뿌리내린 전통과 혁신이 모두 필요하다. 지역 예술(local arts)에 대한 우리의 실무적 정의는 "지역 공동체가 스스로 만들고 공연하고 가르치고 이해할 수 있는 예술적 소통 양식"이다. 그리고 여기서 '이해'는 예술적인 형식과 의미, 언어 그리고 사회적인 맥락을 아는 것이다.

사회는 미디어나 직접적인 상호 관계를 통해 연결되며, 사회 구성원들은 각 개인의 관심사에 따라 서로 만나게 된다. 그러나 이러한 교류는 사회, 재정, 교회, 다른 지역 및 세계적 영향 속에서도 발생한다. 그런 의미에서 인간은 다언어, 다문화, 다중 예술적 존재라고 할 수 있다. 하나님 나라의 정체성을 가진 공동체 구성원들은 예술적인 소통 양식의 가치와 목적을 성찰하고, 나아가 그 가치와 목적의 조화를 통해 하나님께 영광을 돌리고자 한다.

 하나님께서 당신의 공동체 안에서 특별하게 일하셨던 사례를 나눠 보자.
하나님께서 성장시키신 당신의 특별한 재능이나 기술, 경험이 있다면 나눠 보자.
하나님께서 당신이 공동체의 오래된 전통도 다루기를 원하신다는 사실을 어떻게 생각하는가?

누가, 무엇을 하는가

이 매뉴얼은 '예술 지원 활동가'(arts advocate)를 위해 만들어졌다. 예술 지원 활동가로서 당신은 지역 공동체 안에서 예술적인 활동이 공동체 구성원들의 삶과 통합되도록 돕고, 그들의 장·단기적 미래가 더 나아지기를 원할 것이다. 이를 위해 예술 지원 활동가가 할 수 있는 우선적인 역할은, 공동체 구성원들이 이미 알고 있는 장르를 통해 새로운 창작물을 만들 수 있도록 하는 것이다. 예술 지원 활동가가 전문 예술가라면 적절한 수단을 찾아 자신의 재능을 발휘하는 것도 필요할 것이다. 그리고 가진 재능을 표현하는 것은 좋은 일이다. 하지만 무엇보다 가장 우선시되어야 할 역할은 공동체 구성원들 스스로 새로운 예술적인 무언가를 만들어 낼 수 있도록 하는 것이다. 이 매뉴얼이 그 역할을 할 수 있도록 도울 것이다.

예술 공동창작의 모든 과정은 다양한 사람의 역량과 지식 및 기술이 요구된다. 아래는 필요한 기술의 일부를 열거한 것이다.
- 예술적 감각과 재능
- 문화 탐구 능력
- 지역, 지방, 국가 공동체와의 관계
- 계획 및 운영 능력
- 다양한 상황에 적절한 의사소통 기술
- 기록과 제작을 위한 기술적인 역량

어느 누구도 '지역 예술 공동창작'을 위해 요구되는 모든 활동을 할 수는 없다. 그래서 '함께'와 '우리'를 비롯하여 단수가 아닌 복수를 의미하는 여러 용어가 이 매뉴얼 곳곳에 사용된다. 또한 수행해야 할 내용을 안내하면서도 반드시 누가 해야 한다고 강조하지 않는다.

예술 지원 활동가에는 두 부류가 있다고 할 수 있다. 첫 번째 부류는 한 지역 공동체 안에서 장기적인 사역을 계획하는 사람들로, 이들에게는 지역 예술과 관련된 일을 시작하고 계획하며 실행하기 위한 안내가 필요하다. 이 부류의 사람들은 이 매뉴얼의 대부분을 활용할 수 있을 것이다. 두 번째 부류의 사람들은 지역 공동체 예술가들을 독려하는 데 들일 수 있는 시간과 에너지가 많지 않은 경우다. 이 부류의 사람들은 매뉴얼을 훑어본 후 도움이 될 만한 내용을 발췌하여 사용할 수 있다. 이 장의 마지막 항목인 '당신에게 시간이 충분하지 않다면'에서 시간을 절약할 수 있는 몇 가지 아이디어를 제시했다. 더불어 이 매뉴얼의 대부분은 타문화 관련 종사자들을 염두에 둔 것이지만, 자신이 속한 공동체에서 일하는 사람들에게도 유용하다.

이 매뉴얼의 목적은 당신을 통해 지역 공동체 구성원들의 삶에 예술적인 소통이 살아나는 것이다. 당신이 협력할 사람들과 기관은 하나님의 목적을 위해 일할 수 있는 기본적인 기량과 자원, 지식을 갖추고 있어야 한다. 예를 들어, 이 매뉴얼은 문맹 퇴치 프로그램이나 교육 관련 입문서 제작에 대한 지침을 안내하지 않는다. 대신 읽기 교육을 위해 지역 노래 가사를 활용하는 방법을 제시하거나, 읽기를 배우는 사람들에게 지역의 춤이 어떻게 동기 부여를 위한 중요한 역할을 하는지 사례를 제공한다. 기초적인 그림 교육에 활용할 수 있도록 지역의 시각적 양식을 이해하는 도구를 제공하기도 한다. 또 다른 예로, 이 매뉴얼은 교회 개척을 위한 신학적인 체계나 방법론을 개발하지는 않는다. 대신 지역 예술가들을 알아 가는 과정을 안내한다. 그 과정에서 이 책이 제공하는 여러 통찰과 기술이 교회 개척을 위한 노력에 도움을 줄 것이다.

지역 공동체에 들어간 지 얼마 안 된 상황이라면, 당신에게는 그들의 예술적 장르로 새로운 작품을 만들거나 구성할 만한 기술이 없을 것이다. 따라서 이때 당신이 할 수 있는 일은, 공동체 구성원들이 창조적인 작업에 참여할 수 있도록 동기를 부여하거나 행사 기획을 돕는 일 등이 될 것이다. 또 그 구성원들이 공동체 예술가들의 작품에 대해 함께 숙고해 보도록 하고, 새로운 예술 양식이 지속되어 일상에 통합되도록 도울 수 있을 것이다. 그 과정에서 당신은 그들의 예술적 전통을 충분히 배우고 새로운 작품을 만들면서, 결과적으로 공동체 구성원들의 창작 의욕을 고취시키는 의미 있는 효과를 견인할 수 있을 것이다.[9] 그러나 무엇보다 이 책을 통해 일어나기를 바라는 일은, 당신이 지역 공동체 안에서 사람들과 깊은 관계를 형성하는 것이다. 그 관계를 통해 지역 예술가들이 새로운 예술 창작의 동력을 얻고 이미 존재하는 공동체의 예술 형식을 활용하여 새로운 결과물을 만들어 나갈 수 있기를 바란다. 그래서 하나님 나라가 공동체 가운데 뿌리내리는 데 그 예술 창작물들이 사용되기를 바란다.

위와 같은 과정에 활용할 수 있는 당신의 경험과 재능은 무엇인가?
다른 사람들로부터 비롯되어야 할 경험과 재능은 무엇인가?
'지역 예술 공동창작' 과정에서 당신은 어떤 역할을 할 수 있을까?

---

9) Worship and Mission for the Global Church: An Ethnodoxology Handbook (2013, William Carey Library), Jack Popjes, "Now We Can Speak to God-on Song," chat. 73.에서 톰 에이버리가 브라질 카넬라(Canela)인들과 함께 한 작업에 대해 읽어 보라.

이 매뉴얼을 어떻게 활용할 것인가

유연한 가이드
이 매뉴얼은 '지역 예술 공동창작' 과정을 단계별로 순서화해서 구성했다. 각 단계가 논리적으로 진행되기 때문이다. 그러나 단계들이 특정 순서대로 흘러가지 않을 수도 있고, 단계마다 다른 단계와 함께 진행되는 경우도 발생한다. 예를 들어, 새로 만들어진 이야기를 개선하기 위해 공동체 구성원들이 이전 단계로 돌아가 그 지역의 좋은 이야기들이 갖는 시적 특징을 더 연구할 수도 있다. 또한 분석 단계에서 공연 활동이 요구될 수도 있다. 원칙적으로 당신과 공동체 구성원들은 함께 아이디어를 실행하고 그에 따른 결과를 통해 배우게 된다. 그리고 이를 바탕으로 다시 조사와 실행을 이어 가게 되는데, 말하자면 이는 실행하고 성찰하며, 성찰한 것을 다시 실행하는 반복적인 과정이라 할 수 있다. 이러한 일련의 과정은 건강하게 성장하는 창조성을 이끌어 낸다. '지역 예술 공동창작' 단계들을 신뢰하고 참조할 만한, 기반이 탄탄한 틀로 이해하라. 이 단계들을 당신에게 필요한 7가지 '대화'(conversations)로 여기라.

순서화된 7가지 단계에 대해 또 한 가지 알아 두어야 할 점은, 일부 단계에는 다른 단계 요소가 포함되어 있다는 것이다. 그중에서도 <단계 5: 창작 활동을 통해 창조성을 자극한다>는 여러 단계의 활동을 모아 놨다고 할 수 있다. 예를 들어, 성경적 결혼에 대한 조언을 활용한 직물 제작 워크숍을 진행할 때는 분석, 창조성 자극, 개선, 통합의 단계가 포함될 수 있다. 이렇듯 이 매뉴얼의 강조점은 각 단계를 엄격하게 정의하고 구분하는 데 있지 않고, 대신 공동체 구성원들이 삶의 큰 그림 어딘가에 각 구성 요소를 확실히 담아내도록 돕는 데 있다. 더 많은 자료는 민족예배학 핸드북과 CLAT 워크북 웹사이트[10]에서 참조하기 바란다.

이 매뉴얼의 특징
이 매뉴얼 전반에 걸쳐 '전체 관찰'(Firist Glance) 활동을 만나게 될 것이다. 예술적 소통은 굉장히 복잡하기에 때로는 분석할 수 없다고 느껴지기도 한다. 이를 돕기 위해, '전체 관찰'은 가장 중요한 요소들을 손쉽게 이해할 수 있도록 고안되었고, 그 뒤에 더 깊은 내용에 접근하도록 했다.

또한 아래의 아이콘에 이어지는 내용은 당신이 읽고 행해야 할 활동을 나타낸다.

음영 처리된 박스는 특히 중요한 내용을 정리한 것이다. 필요할 때마다 참고하기 바란다.

---

10) https://www.worldofworship.org/ethnodoxology-handbook-manual

조언과 격려의 말

리더들과 함께 '지역 예술 공동창작' 과정에 대해 논의하라
당신과 연결된 공동체의 리더들과 '지역 예술 공동창작' 과정에 대해 논의해야 한다. 당신이 소속된 외부 조직과 그 지역 공동체가 협력 관계에 있다면, 양측 리더들 모두 이 매뉴얼에 설명된 목적과 과정을 이해할 필요가 있다. 아마도 당신이 '지역 예술 공동창작' 과정을 설명하는 특별한 회의를 구성 및 진행할 수 있을 것이다.

늘 탐구하라(Research all the time)
누군가를 깊이 있게 알아 간다는 것은 사랑의 본질적인 행위이자 당신이 하는 모든 일의 열쇠이기도 하다. 무엇을 해야 할지 잘 모르겠다면 공동체 구성원들에게 질문을 하거나, 지역 예술 형식을 배우거나, 그들의 행사를 관찰하라. 이 모든 것이 공동체에 관해 배우는 데 도움이 될 것이다. 탐구(research)란 알아 가는 일인 동시에 사랑하는 일이다. 한 공동체를 탐구한다는 것은 그들에 관해 배울 뿐 아니라, 공동체 구성원을 향한 우리의 사랑을 증명하는 일이다.

때론 탐구 과정에서 그리스도인의 신앙과 실천에 모순되는 영역을 맞이할 수 있다. 이런 경우에는 일단 '불신앙을 멈추고', 하나님께서 당신에게 원하시는 일에 역행하지 않도록 하라. 그러나 동시에 잠시만이라도 친구들과 동일시해 보라. 이 문제가 그리 단순하지 않은 만큼, 간절히 기도하는 것이 무엇보다 중요하다.

이 일은 거의 대부분 '관계'에 관한 것이다
우리는 무엇보다 인간을 우선시하며, 다른 예술 형식을 배우는 것만이 아닌 관계를 형성하는 일에 주목한다. 따라서 어떤 일을 하기 전에 허가를 받고, 물어보기 전에 질문할 수 있는 권한을 얻도록 하라. 당신이 하고자 하는 일에 지역적인 제한이 있을 수 있다는 점을 인정하고 존중하라. 예를 들어, 당신이 남성이라면 여성의 성년 의례는 조사하지 않아야 할 것이다. 진실하고 상호적인 인간관계를 형성해 나갈 때 그들의 삶에 깊이 관여할 수 있다. 가끔 다른 사람이 공동체와 이미 형성해 놓은 장기적인 관계를 통해 새로운 관계를 만들어 나갈 수도 있다. 어떤 경우든, 사람들의 예술적 삶에 깊은 관심을 기울이면서도 그들이 '사람'이라는 사실을 먼저 기억해야 할 것이다.

그들이 원하지 않는다면
당신이 이 책에서 언급된 모든 과정을 완벽하고 겸손하게, 또한 공동체를 존중하면서 한다고 해도 틀림없이 저항에 부딪힐 것이다. 저항은 여러 이유에서 비롯될 수 있다. 지역 공동체가 예술가들을 경시할 수 있고, 특정 맥락에서 사용되는 예술이 신학적, 이데올로기적 논쟁을 일으킬 수도 있다. 또 이전에 새로운 예술 활동을 시도하다 부정적인 경험을 했던 기억이 문제가 될 수 있다. 타성에 젖은 오랜 전통 때문일 수도 있고, 예술적 소통의 중요성과 잠재적 가능성에 대한 과소평가도 저항에 영향을 미칠 수 있는 요소다. 이 매뉴얼의 접근 방식은 위와 같은 요소들을 완화할 수는 있지만, 모든 문제를 해결할 수는 없다. 다만 다음과 같은 조언이 당신의 여정을 더 나은 성공과 화합으로 이끌 것이다.

첫째, 당신과 함께 일하는 예술가들을 보호하고 사랑하며 격려하라. 그리고 그들을 위하여 기도하라. 지역 예술가들은 공공장소에서 창작 작업을 할 때마다 문화적 저항에 쉽게 노출되기 때문이다. 둘째, 가능하면 기존의 권위 구조 안에서 일하라. 물론 예술이 권력에 대한 불편한 진실을 드러내기도 한다는 점에서 이것이 항상 효과적이지 않을 수 있다. 그러나 공동체 지도자들이 예술적 창조 과정에 관심을 기울일 때 지속 가능성은 더욱 커진다. 셋째, 소규모 시범 과제를 먼저 시도해 보라. 지역 예술 장르를 활용하여 하나님 나라의 목적이 담긴 몇 가지 예시를 만들 수 있도록 도우라. 그 후에 공동체 지도자들에게 그 내용을 제시한다면, 본격적인 창작 활동의 문을 여는 중요한 걸음이 될 것이다. 넷째, 공동체와의 관계에서 호감을 유지하도록 하라. 다섯째, 도전과 실패를 두려워하지 말라. 늘 겸손한 마음을 가지며, 하나님의 계획이 결코 우리의 생각과 같지 않다는 것을 기억하라. 마지막으로 여섯째, 하나님과 끊임없이 대화하라. 하나님께서 그분의 나라에 대해 당신이 알아야 할 것들을 보여 주실 것이다. "너희 중에 누구든지 지혜가 부족하거든, 모든 사람에게 후히 주시고 꾸짖지 아니하시는 하나님께 구하라. 그러면 주시리라"(약 1:5).

가능할 때마다 지도자들이 예술 활동을 계획할 수 있도록 지원하라

공동체와 기관들이 사역과 예술을 통합하지 못하는 가장 공통된 이유 중 하나는 계획의 부재이다. 당신은 이 문제를 해결하는 데 도움을 줄 수 있다. 교회나 비영리 단체(NGO)와 같이 지역 공동체와 협력하는 단체 지도자들이 결정을 내리는 과정을 먼저 배우고, 중요한 순간에 적절한 방법으로 그들이 예술 활동에 참여하도록 정중히 요청하라. 사람들이 목표를 이루기 위해 지역 공동체 예술의 거대한 자원을 어떻게 활용할 수 있을지 구체적인 대안을 제안할 수 있도록 늘 준비하라.

계획을 세우는 일은 지역 공동체에 하나님 나라 창조성이 장기적으로 통합되는 데 있어서 매우 중요한 요소이다. 사실 '지역 예술 공동창작'의 7단계 자체가 계획을 세우는 방식이라 할 수 있다. 또한 이 7단계를 다른 방법론들과 직접 연결하여 활용할 수 있다. 다른 계획 방식을 따르는 기관과 당신이 함께 일하게 될 경우, 이 매뉴얼의 용어를 그들의 방식에 대입하여 적용해 보라. 그리고 그들의 용어를 사용하여 대화하라.

한 가지 경계할 것은, 당신과 공동체가 세운 계획과 상관없이, 하나님은 우리가 예상할 수 없는 방법으로 일하시기도 한다는 사실이다. 계획은 반드시 필요한 과정이지만, 하나님께서 하시는 예측 불가의 일들에 응답할 수 있도록 늘 깨어 있어야 한다.

모든 것을 할 수 없지만, 충분히 할 수 있다

인간이 존재하기 시작한 이래, 사람들은 놀라운 방식으로 자신의 공동체에 예술을 접목해 왔다. 그들은 이 매뉴얼의 도움을 받지 못했음에도, 개인이든 공동체든 "난 정말 이걸 하고 싶어/해야 해!"라고 말하면서 분명한 의도나 목적 없이 예술 활동을 하곤 한다. 때로는 이러한 예술성의 파편들이 예측할 수 없는 긍정적인 방식으로 하나님 나라를 확장하고 활기를 불어넣기도 한다. 따라서 당신이 이 일을 반드시 해야 할 필요가 없을지도 모른다.

그러나 대부분의 공동체는 이 매뉴얼에서 제시하는 방식으로 유익을 얻을 수 있다. 모든 지역 공동체와 그들의 예술적 소통 양식은 이해하기 복잡하고 다양하다. 고도로 숙련된 예술 전문가조차도 끊임없이 배우고 자신의 기술을 연마한다. 일을 더욱 어렵게 만드는 것은 공동체마다 물리적, 사회적 상황이 끊임없이 변화하며, 그 변화가 극적인 경우도 있다는 점이다. 말하자면, 이 매뉴얼에서 설명하는 모든 종류의 활동을 완벽하게 하기란 불가능하다. 하나의 예술 양식을 배우는 데도 시간이 충분치 않을 수 있다. 따라서 모든 예술 형식을 다 행하기란 불가능할 수밖에 없다.

그러나 충분히 할 수는 있다.

민족음악학이나 공연 연구, 인류학, 언어학, 선교학, 신경과학 등과 같은 학문 분야에서 비롯된 여러 통찰은 우리가 예술적 소통의 중요한 양식을 이해할 수 있다고 말한다. 또한 최종적인 하나님 나라는 모든 언어와 나라를 아우를 것이며(계 7장 참조), 그 안에서 우리는 서로 이해하게 될 것이다. 그러나 오늘을 사는 우리에게 다른 공동체와의 교류는 체계적인 과정이라기보다 탐구와 모험에 더 가깝다고 할 수 있다. 공동체마다 가진 복잡한 차이 때문이다. 그러니 하나님 나라의 예술적 소통에 대해 보다 깊고 넓게 이해하려면 이 매뉴얼을 활용하라. 다만 모든 것을 다 하려 하지 말고, 의미 있고 생산적인 일을 시도해 보라.

당신에게 시간이 충분하지 않다면
이 매뉴얼에서 소개하는 과정을 따르기에 시간이나 자원이 늘 충분하지는 않을 것이다. 이 과정을 어떻게 시작해야 할지 잘 모를 수도 있다. 아래 요약은 비교적 준비 과정이 적은 예술 활동을 제안하고 있는데(〈자료 2〉 참조), 이는 일단 활동을 시작할 수 있도록 도울 뿐 아니라, 이후 시간적인 여유가 주어졌을 때 더욱 완성도 높은 과정을 실행할 수 있도록 할 것이다. 어떤 예술적 탐구나 격려도 절대 낭비되지 않는다는 것을 기억하자.

시작을 위해 먼저 지역 예술가들과 자연스러운 접점을 찾아라. 아마도 당신은 특정 예술 형식에 흥미를 느끼고 그것을 좋아할 수도 있다. 춤이나 직물 제작과 같은 예술 형식에 관련된 경험이나 기술을 갖고 있는 이들도 있을 것이다. 혹은 예술 전문가들과 개인적인 친밀감을 가지고 있을 수도 있다. 어떤 경우든, 당신은 궁극적으로 지역 예술과 관련된 사람들을 알아 가고 그들을 격려하는 위치임을 기억하면서, 그들과 관계를 맺을 수 있는 방법을 찾도록 하라. 만약 단 한 가지만 할 수 있는 상황이라면, 지역 예술가에게 가서 그 예술에 관련된 무언가를 가르쳐 달라고 요청하라.

> **간단한 예술 참여 활동**
> - 1단계 활동인 "지역 예술 전체 관찰"을 사용해서 지역 예술 형식의 목록 작성
> - 예술 행사에 참여하여 간략하게 노트 정리
> - 악기 수집
> - 노래 가사 수집
> - 예술인들을 통해 언어와 문화 습득 및 그들과 친목 도모
> - 다양한 예술 형식을 체계적으로 녹음·녹화
> - 지역 예술 장르 안에서 악기, 노래, 춤, 직조, 스토리텔링 등을 습득
> - 다음과 같은 내용을 현지 친구들이나 동료들과 토의
>   - 지역 공동체의 예술 양식이 어떻게 시작되었는가? 사용되고 있는 예술 양식을 누가 만들었는가?
>   - 다양한 예술 형식과 관련된 사람들을 향한 일반적인 반응은 무엇인가? 부정적인가, 긍정적인가?
>   - 공연에서 색, 모양, 악기, 의상 등과 같이 특별한 상징적인 의미가 있는 부분은 무엇인가?
>   - 사람들이 현재 지역 예술을 다루는 방식이 과거와 어떻게 다른가? 젊은 사람들은 그것을 어떻게 배우는가? 그 예술을 잘 다루게 되는 과정은 무엇인가?
>   - 성별에 따른 혹은 어린이만을 위한 특정 예술 형식이 있는가?
>   - 다양한 지역 예술 형식을 접하게 될 때 사람들은 어떻게 느끼는가? 그 다양성과 차이점에 열정적으로 반응한 적이 있는가?
>   - 지역 예술 양식이 종교적인 믿음을 어떻게 반영하는가?
>   - 하나님을 예배하는 데 있어 최근에 사용하지 않는 예술적인 표현에는 어떤 것들이 있는가? 그 이유는 무엇인가? 어떤 예술 형식을 하나님 나라의 목적에 맞게 예배에 접목할 수 있을까?

<자료 2> 간단한 예술 참여 활동

궁극적인 동기: 천국과 지옥에 관하여

이 매뉴얼을 사용하는 주요 동기는 하나님 나라를 드러내는 증거(signs)이다. 우리는 이 땅의 모든 하나님의 백성이 예술적인 행위를 통해 하나님 나라의 증거를 드러내기 바란다. 먼저, 공동체 안에 하나님 나라의 첫 번째 증거는 인간 개개인의 존재다. 하나님은 인간을 자신의 형상대로 창조하셨다. 어린이, 여성, 남성 할 것 없이 모든 존재가 하나님의 집인 천국을 가리킨다. 인간이 하나님 나라를 드러내는 증거일 수 있다는 사실은 우리 작업에 어떤 영향을 미칠 수 있을까?

이 질문에 대한 대답은 천국과 지옥, 이렇게 두 가지 다른 형태로 영원성이 존재한다는 우리의 믿음에 달려 있다. 천국은 삼위일체 하나님과 연관된 것으로, 아버지 하나님과 예수님과 성령님은 모두 선하시다. 반면 지옥은

사탄과 관련된 것으로 모두가 악하다. 이 땅에서 천국과 지옥의 실재를 이해하기는 복잡하고 당혹스럽기까지 하다. 아돌프 히틀러는 자신의 뛰어난 웅변 실력을 발전시켰고, 연설을 통해 사람들의 마음을 움직이고 흥분시켰다. 그의 창의성은 희미하게 하나님의 창조성을 반영했다고 할 수 있다. 하지만 히틀러는 자신의 재능을 폭력적인 방식으로 사용하여 공포, 절망 그리고 끔찍한 고통을 초래했다. 이러한 부정적인 효과는 사탄의 잔인한 욕망을 반영한다. 우리는 천국과 지옥의 실재가 이 땅에서든 그 너머에서든, 우리가 상상하는 것보다 훨씬 극명하게 대조적이라 믿는다.

이러한 사실은 우리에게 몇 가지 교훈을 준다. 첫째, 모든 사람과 그들이 가진 재능이 무한한 가치를 가진다는 점을 기억해야 한다. 여행을 많이 하는 한 남자가 때때로 낯선 옷, 머리 모양, 피부색, 소리, 냄새에서 비롯된 새로운 자극에 자신이 부정적으로 반응한다는 것을 알아차렸다. 그런 일이 일어날 때마다 그는 자신에게 "하나님의 형상, 하나님의 형상!"이라고 말하곤 했다. 모든 사람은 하나님의 형상을 가진다. 따라서 우리는 늘 사람들에게 관대하고 겸손해야 하며, 선하고 아름다운 것을 기대해야 한다. 둘째, 우리는 성경을 통해 천국과 지옥에 관해 공부하고 상상력을 발휘하여 사색해야 한다. 천국과 지옥의 실재를 신체적, 지적, 감정적으로 경험할 때 더 깊이 이해할 수 있기 때문이다. 셋째, 우리는 이 땅에서의 고통과 기쁨만이 우리가 겪을 수 있는 전부가 아님을 믿어야 한다. 그렇지 않으면 단순히 사람들의 굶주림을 해결하는 것에 만족할 뿐, 그들이 먹는 기쁨 속에서 공급하시는 창조자를 떠올리는지는 별로 개의치 않게 될 것이다. 마지막으로, 하나님 나라를 드러내는 증거는 모두 선하기에, 우리는 다양한 방식으로 그 나라의 모든 증거를 드러내야 한다. 그러나 이를 위해서 모든 선의 근원인 아버지 하나님 – 예수님 – 성령님을 알아야 한다는 점을 결코 잊어서는 안 되며, 천국과 지옥에 대한 우리의 이해를 더해 주시기를 하나님께 구해야 할 것이다. 이 천국과 지옥은 모두 우리에게 매우 강력한 동기가 된다.

 하나님께 귀를 기울이고 그분에게 반응하라. 이 모든 논의에서 당신에게 가장 흥미로운 일에 대해 하나님과 대화하고, 두렵거나 걱정되는 것을 토로하라.

 당신의 삶에서 지금까지 중요한 사건이나 시간, 특히 하나님 나라의 예술과 관련된 일들을 떠올려 보라.

 위의 주제들로 기도하는 시간을 가지라. 가능하다면 색칠, 그림, 춤, 연기, 노래, 이야기 등 당신이 아는 예술 언어를 사용하여 기도하라.

지역 예술 공동창작

<자료 3>은 당신과 지역 공동체를 안내할 방법론에 해당한다. 이 방법론은 함께 탐구하고 창작하는 지속적인 과정으로, 하나님 나라의 증거를 보다 많이 양산해 낼 수 있다. 우리는 이 과정을 '지역 예술 공동창작'(CLAT)이나 '공동창작'(Co-creation)이라고 부르며, <자료 3>의 그림 중간에 묘사된 사람들은 예술 행사에 참여하

는 지역 공동체 구성원들을 대표한다.

예술적 표현이 드러나는 다양한 행사(event)는 '지역 예술 공동창작' 과정의 중심이다. 이는 예술 행사를 통해 그 지역 공동체에 대한 실제적인 이해를 얻을 수 있고, 공동체 구성원은 이 맥락에서 예술가들과 그들의 예술이 무엇을 의미하는지 알게 되기 때문이다. 예술적 행사는 다음과 같은 7단계의 중심 역할을 한다.

단계 1: 지역 공동체와 그들의 예술 장르를 **이해한다**
단계 2: 하나님 나라의 목표를 **구체화한다**
단계 3: 예술 장르와 목표를 **연결한다**
단계 4: 장르와 행사를 **분석한다**
단계 5: 창작 활동을 통해 **창조성을 자극한다**
단계 6: 창작 활동 결과를 **개선한다**
단계 7: 창작 활동의 **지속 가능성을 모색한다**

무엇보다 배우고자 하는 적극적인 태도와 사랑이 이 전 과정에 동력이 되어야 한다. 사실 이 7단계 과정은 7가지 대화로 이해할 수 있으며, 근본적으로 이 매뉴얼은 사람들이 새로운 예술을 창조하도록 돕는 일에 관한 것이다.

<자료 3> 지역 예술 공동창작

'지역 예술 공동창작'을 본격적으로 다루기에 앞서 브라이언 슈라그 박사의 짧은 이야기와 함께 각 단계를 간략하게 설명할 것이다. 1990년대 초, 브라이언과 그의 가족은 콩고민주공화국(DR Congo)의 북서부 지역에 살면서 지역 공동체 언어인 모노어(Mono language)로 성경 번역하는 일을 도왔다. 그 경험을 바탕으로 브라이언은 공동창작 과정의 각 요소를 묘사하고, 이 각각의 요소들이 모노 공동체의 '지역 예술 공동창작' 과정과 어떻게 연결되는지 설명할 것이다.

단계 1: 지역 공동체와 그들의 예술 장르를 이해한다

지역 공동체와의 만남은 그 공동체에 대한 기본적인 정보를 알아 가는 과정이다. 이 만남을 통해 공동체 사람들과 관계를 맺고 그들이 가진 여러 예술 형식을 이해하고 정리하게 된다.

모노 공동체 및 그들의 예술 장르와 만나다

우리가 콩고에 있는 빌리 마을로 처음 들어갔을 때, 교인들이 모노어가 아닌 공용어로 노래를 부르고 있었다. 찬송은 서구권 작품을 번역한 곡도 있었고, 자국의 팝 스타일의 곡도 있었다. 그러나 사람들이 교회 밖에서는 더욱 다양한 종류의 음악을 모노어로 연주하고 노래했다. 따라서 창조성을 촉진하기 전에 그들의 음악에 대해 더 많이 알 필요가 있었다. 그들의 예술 형식이나 성경에 관한 이야기를 나누고 싶어서, 지역 교회 리더들에게 집 근처 초가지붕 정자에서 만나자고 요청했다. 그리고 우리는 모노 사람들이 전통적으로 춤과 음악을 만든다는 12가지 사회적인 맥락을 함께 정리했다. 여기에는 사교춤, 통과 의례, 개인적인 표현 그리고 하프와 유사한 현지 악기 쿤디(kundi)를 켜면서 노래하고 조언을 주는 바구루(gbaguru)라 불리는 공연 장르 등이 포함되었다.

단계 2: 하나님 나라의 목표를 구체화한다

천국 같은 삶을 위해 지역 공동체는 어떤 목표를 향해 나아가고자 하는가? 먼저 하나님 나라를 드러낼 수 있는 증거를 정체성, 지속 가능성, 샬롬, 정의, 성경 말씀, 교회 생활, 개인 영성 생활과 같은 몇 가지 큰 범주로 분류했다. 그러나 이러한 설명은 단지 시작일 뿐, 하나님 나라를 드러내는 증거는 수천, 수만 개가 존재한다. 따라서 자유롭게 표현하고, 하나님 나라를 드러내는 새로운 방식을 구체화하라. 새 창작 활동을 시도하며 하나님 나라의 증거를 강화하라. 예술적 소통이 확산되는 방법들을 글로 남기고 이야기하면서 하나님 나라에 관한 이해가 예술적 소통을 통해 어떻게 깊어지는지 나누라.

모노 공동체와 함께 구체화하다

초가지붕 정자 아래에서 목사와 장로들은 성경에 나와 있는 음악의 다양한 목적을 논의했고, 하나님께서 모든 인간을 그분의 형상대로 창조하셨다는 사실에 관해 이야기했다. 그들은 초기 복음 전도자들이 현지 악기를 사용하는 것에 대해 경계했기 때문에 교회에서 모노 악기를 사용하지 않고 있다고 말했다. 50년 전 첫 복음 전도자들은 모노 공동체의 전통적인 생활과 관련된 물건을 모두 불태우라고 조언했던 것이다. 그러나 이제 리더들은 성경에 근거하여 확인한 바에 따라, 하나님께서 그분의 목적을 위해 자신들의 음악을 회복하기를 원하신다고 보았다. 모노 사람들은 새롭고 더 깊은 방식으로 하나님과 관계 맺기 원했고, 새로운 가능성에 호기심을 갖게 되었다.

단계 3: 예술 장르와 목표를 연결한다

공동체 구성원들이 목표를 구체화한 뒤에는 어떤 예술 형식이나 내용, 행사가 그 목표를 이루는 데 가장 효과적일지 함께 결정한다.

모노 공동체와 함께 구상하다

리더들은 그리스도인들이 성경 말씀을 보다 잘 이해할 뿐 아니라, 모노 전통 또한 소중하게 여기길 원했다. 이를 위해 리더들은 교회 모임의 친밀함이 처음 낯선 것을 경험하는 데 있어 최고의 환경이라 생각했고, 바구루를 가장 좋은 장르로 꼽았다. 성경의 많은 부분이 소통의 지혜에 관한 것인데, 리더들은 바구루가 조언을 제공하는 장르라는 점에서 예배에 잘 접목될 것이라고 믿었던 것이다.

단계 4: 장르와 행사를 분석한다

새로운 목표를 가지고 기존의 지역 예술 장르 안에서 무언가를 창조하는 일은 많은 지식과 기술, 지혜를 필요로 한다. <단계 4>는 낯선 예술 형식들의 세부 내용이나 그 의미를 이해할 수 있도록 돕는 과정인데, 이는 공동체에 하나님 나라가 스며들도록 할 예술적 요소를 파악하는 데 유익할 것이다.

모노 공동체와 함께 장르와 행사를 분석하다

나는 바구루를 노래하는 데 사용되는 악기인 쿤디를 일찍부터 배우기 시작했다. 당시 최고의 쿤디 연주자가 누군지 물었을 때 모두가 푸냐마 칸야마(Punayima Kanyama)를 지목했다. 그래서 기회가 있을 때마다 푸냐마의 바구루 연주를 분석했고, 그의 연주 모습을 비디오에 담기도 했으며, 멜로디와 가사, 운지법을 기록하기도 했다. 푸냐마 역시 나에게 두어 곡의 연주법을 가르쳐 주었는데, 연주 방법을 배우면서 이 장르의 형식과 주제에 관해 더 깊이 이해할 수 있었다. 예를 들어, 바구루 가사 내용은 일반적으로 모노 속담을 담고 있다는 점, 보통 남자들이 연주를 담당한다는 점, 선율은 주로 가사에 나오는 단어의 성조를 따른다는 점 그리고 작곡가들이 보통 새로운 곡을 만들기 위해 혼자만의 시간을 요구한다는 점 등을 알 수 있었다.

단계 5: 창작 활동을 통해 창조성을 자극한다

새 예술 활동을 통해 지역 공동체의 창조성을 자극할 수 있다. 새로운 가면을 조각하거나 축제 음악을 작곡하는 등의 단순한 활동을 제안할 수도 있고, 때로는 더욱 복잡하고 긴 시간이 필요한 워크숍, 조합 활동, 도제 훈련, 축제 등을 진행할 수도 있다. 지역 예술가들이 기존 의례나 의식을 또 다른 형태로 발전시키려 할 수도 있다. 어떤 활동을 선택하든, 지역 공동체에서 새로운 활동이 활성화되는 데 관심 있는 사람이면 누구나 함께할 수 있도록 한다. 또한 새 작품이 공동체 안에 통합되는 데 주도적 역할을 할 수 있는 공동체 지도자들이 참여하도록 해야 한다.

모노 공동체와 함께 창작 활동에 돌입하다

나는 모노 공동체 안에서 성경을 내용으로 한 예배용 바구루 노래를 작곡할 수 있는 사람이 누구인지 물어보았다. 그러나 첫 복음 전도자들이 초기 모노 그리스도인들에게 전통 악기를 불태우라고 말했던 까닭에, 교회 안에서 쿤디 연주 방법을 아는 사람이 아무도 없었다. 리더들은 토의를 거쳐 쿤디 전문가에게 연주법을 배울 수습생 몇 명을 교인 중에서 선발했고, 우리는 매주 만나 푸냐마의 지도 하에 쿤디의 제작 및 조율 방법과 몇 몇 노래의 연주법을 배웠다.

단계 6: 창작 활동 결과를 개선한다

개선을 위한 평가는 공동창작 과정에서 필수적인 요소다. 우리는 지역 공동체 구성원들이 자신의 삶에 창조성을 통합하여, 결과적으로 공동체 전체가 영적, 사회적, 신체적 목표를 이루기를 원한다. 합의된 기준에 따른 평가는 공동체 구성원들이 예술적인 소통을 더욱 효과적으로 만드는 데 도움이 될 것이다.

모노 공동체와 함께 개선해 나가다

안타깝게도 우리는 푸냐마 등 몇 사람이 작곡한 초기 곡들을 평가하지 못했다. 만약 그 과정이 있었다면 훨씬 더 나은 작품을 만들었을 것이다. 하지만 그 이후부터 성경을 내용으로 모노 사람들이 작곡한 노래들은 평가 과정을 거쳤다. 성경 번역자들은 가사가 성경적으로 정확하고 명료한지 점검했고, 모노 음악 전문가들은 이 노래들이 장르적으로 탁월하다는 점을 확인해 주었다.

단계 7: 창작 활동의 지속 가능성을 모색한다

이 매뉴얼은 지역 공동체 구성원들이 매일, 매주, 매달, 매해, 삶 속에서 하나님 나라의 창조성을 고양해 나가는 데 목적이 있다. 이를 위해 예술 활동을 먼저 경험한 이들이 다른 이들에게 새롭게 창작된 작품이나 내용을 가르치면서 창작 활동이 지속·확대되도록 계획해야 한다. 간단한 수준의 워크숍이나 조합 활동을 통해 참가자들이 새로운 예술 작품 창작을 경험하도록 할 수 있다. 좀 더 긴 안목에서 다양한 청중들을 가르치기 위해 준비하고 계획할 필요도 있다. 먼저 작은 그룹을 가르친 뒤 평가 질문으로 피드백을 받는 것이 좋다. 그런 다음 더 큰 그룹의 창작 활동을 제안하라.

모노 공동체와 함께 지속 가능성을 모색하다

수습 기간에 몇몇 다른 학생들은 코할라 아요(Chorale Ayo, Love Choir)라는 쿤디 그룹을 결성했고, 푸냐마는 하나님이 흙으로 남자와 여자를 만드셨다는 내용으로 노래를 작곡했다. 교회 예배 시간에 이 곡을 연주하고 부르자 평소 흥이 넘치던 회중들이 웬일인지 아무 소리 없이 잠자코 듣기만 했다. 문득 우리가 실수한 게 아닌지, 혹은 옛 신들을 떠올리게 한 건 아닌지 두려움이 엄습했다. 그래서 예배가 끝나고 한 친구에게 다가가 모두 왜 그렇게 조용했는지 물었다. 그의 대답은 이랬다. "우리가 무엇을 할 수 있었겠어? 그 노래가 우리 가슴을 파고들어 왔는데." 이는 모노 예술만이 가진 고유하고 깊이 있는 방식으로 그들의 감정과 마음과 의지에 영향을 끼쳤다는 것을 의미한다.

코할라 아요 그룹은 계속해서 회중 예배 때 찬송을 불렀고, 수습생 몇몇은 직접 노래를 작곡하기도 했다. 그러다 전쟁과 개인적인 어려움들로 인해 모노 공동체의 일상이 멈추면서 이 그룹의 활동 역시 멈추게 되었다. 하지만 이후에 유사한 쿤디 그룹들이 다른 마을에 생기기 시작했고, 모노 공동체의 일부 개신교회는 그들의 아름다운 전통 중 좋은 부분을 계속 기념했다. 그러나 나는 더 많은 사람이 참여하기를 바랐다. 그래서 마을에 새 주택이 완성된 것을 기념하는 큰 축제를 계획했다. 그리고 그 행사 때 헌정곡을 무대에 올리기로 마음먹었다. 축제 날 밤, 모노 전통 양식으로 만들어진 두 곡의 노래를 공연했고, 수백 명에 이르는 다양한 계층의 사람들이 그 노래로 예수님의 가르침을 들었다. 이 두 곡의 노래는 반석 위에 집을 지은 슬기로운 자와 모래 위에 집을 지은 어리석은 자에 대한 예수님의 비유를 담고 있었다(마 7:24-27 참조).

지역 예술 공동창작(CLAT) 요약

'지역 예술 공동창작' 과정은 지역 공동체가 자기의 예술을 활용하여 하나님 나라의 목표를 이루는 데 도움을 줄 수 있는 방법을 보여 준다. '지역 예술 공동창작'은 7가지 기본 단계를 가지는데, 이는 7가지 대화로도 이해할 수 있다. 조사와 탐구는 이 모든 과정을 뒷받침하며, 언제나 배우려는 자세를 강조한다. 각 단계는 다음과 같다.

지역 공동체와 그들의 예술 장르를 이해한다
공동체에 존재하는 예술적, 사회적 자원을 탐색하라.

하나님 나라의 목표를 구체화한다
공동체가 원하는 하나님 나라의 목표를 찾아라.

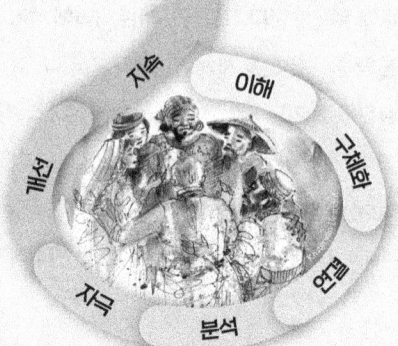

예술 장르와 목표를 연결한다
공동체 스스로 하나님 나라의 목표를 이룰 수 있는 예술 장르와 활동을 선택하도록 하라.

장르와 행사를 분석한다
행사 전체, 행사에 포함된 예술적 형식 그리고 그 예술 형식을 둘러싼 넓은 문화적 맥락을 기술하라. 예술 형식에 대한 세부 지식은 예술 활동을 통해 창조성을 자극하는 데 매우 중요하다. 이는 결과물을 개선하는 데 중요한 역할을 할 뿐 아니라, 공동체 내에 새로운 작품들이 통합되는 데 필요하기 때문이다.

창작 활동을 통해 창조성을 자극한다
공동체가 선택한 장르와 행사로 창조성을 자극하기 위한 활동을 행하라.

창작 활동 결과를 개선한다
공동체가 창조성 자극 활동의 결과를 평가하고 더 나은 결과를 만들도록 하라.

창작 활동의 지속 가능성을 모색한다
이 새로운 종류의 창조 활동이 지속될 수 있는 방법을 계획하고 실행하라. 신구(新舊) 예술 모두 전시되고 활용될 수 있는 상황을 파악하라.

<자료 4> 지역 예술 공동창작(CLAT) 요약

단계
1

지역 공동체와 그들의 예술 장르를 이해한다

<단계 1>은 지역 공동체와 그들의 예술을 발견하고 찾아 정리하는 단계이다. 지역 공동체와 일을 시작할 때 관찰하고 탐구하는 것은 매우 중요한 과정이다. 공동체와 그 예술에 관한 더 많은 정보를 찾아야 한다. 예술이란 사회적인 맥락에서 비롯되기에, 그 공동체를 아는 것은 그들의 예술을 이해하는 데 도움을 준다.

당신은 어떤 지역 공동체를 섬기고자 하는가? 우리는 '공동체'(community)를 다음과 같이 정의한다. 공동체는 '전통적으로 전해 내려오는 사건, 인물, 개념 등이 어우러진 하나의 이야기를 공유하는 집단'으로, 모든 구성원은 이 과거의 사건과 인물, 생각이 어우러진 이야기에 관해 알고 있으며 그것을 참고할 수 있다. 이 공유된 경험을 통해 공동체 구성원들은 결속을 유지할 수 있다. 또한 공동체는 정체성을 공유한다. 한 공동체를 다른 공동체와 차별화시키는 이 정체성은 언어, 음식, 의복, 종교, 혹은 함께한 투쟁으로 드러난다. 지역 공동체들은 구성원 간의 상호 관계 표현 양식을 공유하기도 하는 데, 의례, 축제, 가족 단위 생활 거주지, 시각적이고 촉각적으로 다양한 상징과 양식 등이 이에 포함된다.

지역 공동체는 이야기와 정체성, 소통 방식을 공유한다. 그러나 공동체가 변화하고 있다는 사실을 늘 기억해야 한다. 집단은 끊임없이 움직이고, 스스로 결정을 내리며, 다양한 상황에 각기 다른 방식으로 반응하는 개개인으로 구성되기 때문이다.

지역 공동체를 탐구하기 시작할 때 모든 관찰 내용을 일목요연하게 정리하라.
'공동체 예술 분석표'(Community Arts Profile, CAP)는 그 내용을 정리하는 데 도움을 준다. '공동체 예술 분석표'는 지역 공동체와 그들의 예술에 대한 모든 정보를 남겨 둘 수 있는 데이터베이스 혹은 문서이다(89-92페이지를 보라).

전체 관찰: 지역 공동체

지역공동체를 간략히 훑어보는 것은 예술 장르가 실행 및 발전되어 왔던 맥락을 이해하는 데 도움을 줄 것이다. 예술은 단독적으로 존재하지 않는다. 따라서 지역 공동체의 지리적 위치, 언어, 정체성 형성의 기반과 소통 방법 등 기초 정보를 확보하라.

조사 범위를 결정하라. 마을의 한 부족을 연구할 것인가, 아니면 같은 언어를 사용하는 지역 전체를 연구할 것인가? 가능한 다양한 관점으로 기술하라. 아래 내용은 질문 안내 지침이며 이 외의 다른 방식으로도 정보를 얻을 수 있다.

- 친구들과 지도자들, 공동체 관련자들에게 인적 자원을 포함한 다른 자원들을 알려 달라고 부탁하라.
- 공동체 구성원들이 자신을 어떻게 표현해 왔는지 책, 기사, 영상, 기록 등 여러 매체를 읽고 살펴보라.
- 이 지역 공동체를 조사한 학문적인 연구와 백과사전 등 다른 자료들을 읽어 보라.

 당신이 함께 일하고자 하는 공동체에 관해 적어 보라. '공동체가 어디 위치하는지', '몇 명으로 구성되었는지', '그들은 어떤 모습인지', '이 집단이 어떤 이야기와 어떤 정체성을 공유하는지', '시간의 흐름에 따라 무슨 변화를 겪었는지' 등을 정리하라.

공동체 연구하기 – 몇몇 질문들

· 공동체가 어디에 위치해 있으며, 몇 명으로 구성되어 있는가?
  - 이는 마을이나 도시, 주, 나라와 같은 기초적인 정보를 포함한다.
· 공동체를 묶어 주는 역할을 하는 것은 무엇인가?
  - 이 질문에 대한 답에는 언어, 지리, 민족 정체성, 사회 구조와 같은 요소가 포함될 수 있다.
· 그들은 서로 어떻게, 얼마나 자주 소통하는가?
  - 이 질문은 언어와 대면, 전화, 인터넷 미디어 등의 소통 방식을 포함한다.
· 그들은 어떻게 현재에 이르게 되었는가?
  - 중요한 역사적 사건, 현재의 지리적 위치에 정착하게 된 과정 그리고 그것이 정체성에 미친 영향 등을 파악하라.

<자료 5> 공동체 연구하기: 몇몇 질문들

전체 관찰: 공동체 예술

우리는 지역 공동체가 이미 가지고 있는 예술적 자원을 가지고 창작 활동을 하도록 돕는다. 기존의 자원을 활용하는 것은 이 책에서 제시하는 방법론의 핵심 요소이다. 그래서 먼저 해야 할 일 중에 하나는 공동체가 가지고 있는 예술 장르를 찾아 정리하는 것이다.

예술 장르를 찾고 알아보기

모든 공동체는 고유한 예술 형식 목록을 가지며, 공동체마다 각각의 예술에 고유한 의미를 부여한다. 당신이 알고 있는 예술 목록이 함께 일하는 공동체의 예술 목록과 일치하지 않을 수 있다. 그럼 어떻게 할 것인가? 먼저 세계 예술의 공통된 특징들이 지역 공동체 예술을 이해하는 데 도움이 될 것이다.

첫 번째 공통된 특징은 주요 행사나 변화를 예술적인 방식으로 기념한다는 점이다. 살펴봐야 할 행사들은 생애 주기나 역사적인 사건, 활동, 의례, 자연과 관련되어 있다. 당신이 특정 공동체의 기존 의례나 특별 행사를 확인할 수 있다면 이 행사들과 관련된 예술에 대해 알 수 있을 것이다.

예술의 두 번째 공통된 특징은 여타의 소통 방식과 달리 좀 더 양식화된 특별한 소통 방식이라는 점이다. 사람들이 춤, 노래, 연기, 그림, 리듬이나 운율에 맞춰 말하기, 혹은 특정 무대 공연 등의 행위를 할 때 주목하라. 이와 같은 특징적 행위들은 예술 장르를 시사한다. '예술 장르의 간략한 목록 정리'는 이러한 예술의 고유한 특징들을 활용하여 시작한다.

 예술 장르의 간략한 목록을 정리하라.
예술 장르의 간략한 목록을 만들기 위해 몇몇 공동체 구성원에게 다음과 같은 질문을 하라.
- 공동체에서 사람들이 언제 노래를 부르는가? 악기 연주를 할 때는? 춤은? 스토리텔링은? 연기는? 조각은? 그림은? 보통 때와 달리 몸을 움직일 때는? 게임하기는? 특별한 건물을 지을 때는? 문화마다 예술적 소통 양식을 언급하고 분류하는 방식이 다르기 때문에 그 용어를 배워야 한다.
- 공동체 사람들이 아이가 태어났거나 누군가 죽었을 때 어떤 특별한 행동을 하는가? 누군가 성인이 되기 위한 통과 의례는? 이에 대한 정확한 답을 얻기 위해 구체적인 설명과 관련 예술 활동에 대한 기록물을 공동체 구성원들에게 요청하라.

토의 중 예술 장르가 등장할 때마다 그 장르의 기본적인 특징들을 기록하라.
- 현지식 장르명과 간단한 설명
- 관련된 사람들(남성, 여성, 청소년, 어린이, 전문가들, 특별한 사회경제적 집단 등)
- 보통 그 예술 장르를 실행하는 시기(행사, 특별한 날, 계절, 달, 특정 시간대 등)
- 함축된 의미와 연관성(축하, 출산, 예배, 죽음 등)
- 참가자들에게 미치는 영향(정체성에 대한 자부심, 연대 의식이나 욕망, 두려움, 용기 등을 느낌, 행위에 대한 동기 부여, 삶에 중요한 정보 기억 등)

- 이 장르와 관련된 제도나 기관(교회, 정부 기관, 공동체 그룹, 동호회 등)

예술 장르를 조사하는 동안 위의 세부 사항을 모두 얻으려 전전긍긍할 필요는 없다. 배우는 과정에서 더 많은 정보를 추가할 수 있기 때문이다.

예술적 소통 행위를 알아보는 방법

예술은 특별한 맥락 안에서 일어나기도 한다.
예술 행사는 일상적으로 일어나는 일들과 다르게 특정 시간, 장소, 언어, 참가자 등에 의해 발생한다.

예술은 정보의 밀도를 확장하거나 축소할 수 있다.
예를 들어, 어떤 시 장르는 단지 몇몇 단어만으로 그 의미를 잘 전달하지만, 다른 어떤 예술 표현은 공간, 음악, 반복 등을 통해 정보를 확장하기도 한다.

예술은 특별한 지식, 혹은 그 이상을 요구할 수 있다.
특수 용어나 통상적이지 않은 단어의 의미는 특정 예술 장르에만 국한되기도 한다.

예술은 특별한 형식의 구조를 보여 준다.
예술 표현은 일상적인 소통과 관련 없는 제한된 형식을 갖기도 한다.

예술은 색다른 반응을 이끌어 내기도 한다.
예술 표현을 통해 사람들은 강력한 감정이나 신체 반응을 경험하기도 한다.

예술은 특별한 전문성을 요구할 수 있다.
예술 표현은 종종 특화된 훈련이 필요하며, 따라서 누구나 하기 어려울 수 있다.

<자료 6> 예술적 소통 행위를 알아보는 방법

 다양한 예술 장르의 기초 정보를 대조할 표를 작성하라.

공동체 구성원들은 <단계 3: 예술 장르와 목표를 연결한다>에서 하나님 나라의 목표를 이루기 위해 사용할 각 장르를 평가할 것이다. 이 표는 그 평가 과정에 도움이 된다. 지금 시작하고, 이후 필요한 경우에 더 많은 정보를 추가하라. <자료 7>은 콩고민주공화국의 모노 예술과 관련된 데이터를 기초로 만들어진 표이다.

장르	간단한 설명	행사	참가자	함축된 의미	효과	기관
가자 아가 gaza aga	남성 할례 춤	남성 할례 의식	어린 남자	전쟁	전투 훈련, 용기 부여	은가코알라- 모노 심판관들
은젬보 나 은잠베 Nzembo na Nzambe	링갈라어로 번역한 유럽권 찬송	교회 모임	교인	믿음, 신앙, 선교사	연대	개신교 교회
바구루 gbaguru	지혜의 노래	사적인 경우	하프 연주자, 가수, 청중	지혜, 조언	지혜롭게 행동 하도록 동기 부여	없음
은강가 Nganga	사냥의 신 추과(Zhugwa)를 위한 노래	사냥할 때	사냥꾼들	추과	용기 부여, 성공에 대한 희망	없음
악볼로 agbolo	어린이 놀이용 노래	어린이들이 놀이할 때	어린이들	재미, 자유	기쁨, 연대	없음

<자료 7> 모노(콩고민주공화국)의 장르 대조표

지역 공동체의 사회적으로 구성된 삶에 관한 연구를 시작하라

지역 공동체에 관한 폭넓은 이해는 매우 중요하며, 이는 인류학적인 접근을 통해 가능하다. 특히 지역 공동체의 다양한 예술을 이해하는 데 도움이 될 만한 주제들을 연구하라. 다음과 같은 주제가 포함될 수 있다. 1) 사람들이 언어를 사용하는 방식은 무엇인가. 2) 가족을 비롯한 사회 그룹 안에서 구성원들은 어떻게 관계를 형성하는가. 3) 음식, 주거지, 건강, 교육 등 생존에 필요한 것을 구하는 방식은 무엇인가. 4) 사람들 사이에 권력과 위계의 차이는 어떠한가. 5) 종교적인 믿음과 활동 및 세계관은 무엇인가. 이러한 영역에 대한 광범위한 조사 방식은 이 매뉴얼이 제공하지 않는다. 따라서 이와 관련된 연구 방법을 배우거나 이러한 연구가 가능한 누군가를 찾으라.

조사와 탐구를 지속하라

지역 공동체에 대한 모든 것을 완벽하게 이해하는 것은 불가능하기 때문에 끊임없이 배워야 한다. 지속적인 탐구를 위한 가장 좋은 몇 가지 방법은 인류학자들이 발전시켜 왔던 것으로, 행위자 관찰(참여 관찰), 체험 학습(외국 예술 배우기), 질문(인터뷰), 조사 작성(노트 필기), 영상 및 음원 제작(기록), 사진 촬영 등의 방식이 있다. 보다 구체적인 내용을 배우기 위해 수업이나 책, 실습 등을 통해 이러한 방법론을 가르쳐 줄 사람을 찾으라.

마지막으로, 우리는 사람들과의 모든 교류가 사랑에서 비롯되기를 바란다. 사랑과 겸손, 관대함으로 모든 조사와 탐구에 임하고, 지역 공동체를 위해 가장 최고의 것을 추구하라.

단계 2

하나님 나라의 목표를 구체화한다

그리스도인으로서 우리의 목표는 하나님 나라가 이 땅에 드러나는 것을 보는 것이며, 가능한 한 충만하게 드러나기를 소망한다. 물론 오직 천국에서 하나님 나라를 완전하게 경험할 수 있다는 사실을 알고 있다. 다만 모든 지역 공동체는 더 나은 삶을 원할 뿐이다. 공동체 구성원들은 그들이 무엇을 하고 있는지 알지 못한 채 하나님 나라를 위해 힘쓰기도 한다. 당신은 그들의 여정에 도움을 줄 수 있다. '하나님 나라의 목표'는 하나님이 이 땅에 드러나시는 여러 방식을 이해하도록 돕는다.

〈단계 2〉는 우선 하나님 나라의 가치가 드러날 수 있는 몇 가지 방법을 간략하게 제시한다. 그다음 지역 공동체가 어떤 목표를 위해 작업할 것인지 결정하는 데 도움이 되는 과정을 만나게 될 것이다.

 아래 언급되는 하나님 나라 목표의 각 범주를 위해
1) 각 목표를 반영한 예를 제공하고
2) 또 다른 하나님 나라의 목표를 제안하라.

하나님 나라의 목표: 정체성과 지속 가능성

정체성의 가치 존중
하나님 나라가 번성하는 공동체는 자신의 문화를 소중하게 여긴다.

많은 경우 소수 집단의 구성원들은 자신보다 타인이 낫다고 여긴다. 또한 자신들의 문화가 가진 유용성과 아름다움, 내적 가치를 경시한다. 그러나 "하나님은 그분의 형상대로 사람을 창조하셨다"(창 1:27 참조).

사람들이 사회의 좋은 면을 가치 있게 평가하는 것은 옳고 건강하고 성스러운 일이다. 공동체 구성원들이 자신의 문화를 적절한 방식으로 가치 있게 여길수록 하나님 나라가 더욱 번성할 수 있다. 더 나아가, 공동체 문화에서 가장 눈에 띄고 소중한 면모가 예술 장르에 드러나기 마련이다. 공동체 구성원들이 자신의 예술에서 긍정적인 면을 보지 못한다면, 그 예술로 하나님을 찬양하거나 진리를 전달하기 어렵다. 우리는 지역 공동체가 자신의 예술적 자원들을 긍정할 수 있는 방법을 찾기 원한다. 따라서 우리의 목적은 더 강력하고 경건한 문화적 정체성을 불러일으킬 수 있는 새로운 창작 방식을 발견하는 것이다.

자녀 교육
하나님 나라가 번성하는 공동체는 아이들에게 전통을 가르친다.

건강한 정체성을 가진 지역 공동체 구성원들은 자녀와 손주들에게 그들의 자랑스러운 문화를 가르친다. 각 세대가 예술적 지식을 전수하는 방식과 그 지식의 내용을 알고 있다는 것은 공동체가 건강하다는 증거이다.

미디어 활용
하나님 나라가 번성하는 공동체는 마을과 지역 매체뿐 아니라 국제 미디어 채널에도 참여한다.

전 세계는 끊임없이 새로운 소통 방식을 찾고 있다. 자문화에 자부심을 가진 지역 공동체 구성원들은 타문화의 예술적 소통 방식을 배우고 수용하며, 또한 지역 매체나 국제적인 미디어를 통해 자신의 예술 관련 기록들을 공유하여 예술 자원 확대에 기여한다.

하나님 나라의 목표: 샬롬(shalom)

예수는 그의 제자들이 온전한 삶을 살아가고(요 10:10 참조) 자신으로 인해서 평안할 수 있도록(요 14:27 참조) 인간 사회에 들어오셨다. 히브리어 '샬롬'은 평안한 상태, 온전함, 사회적 화합, 정의, 건강 등 예수께서 약속하신 바를 대부분 보여 준다. 브라이언트 마이어스(Bryant Myers)는 "샬롬과 풍성한 삶은 예수의 재림 전까지는 완전히 알 수 없는 이상(ideals)이지만, 풍성한 삶으로 이끄는 샬롬이라는 비전은 더 나은 미래에 대한 우리의 이해 형성에 강력한 영향을 끼친다"[11]고 말했다.

치유
하나님 나라가 번성하는 공동체는 문제를 치유하고 회복한다.

---

11) Bryant L. Myers, Walking with the Poor: Principles and Practices of Transformational Development (Maryknoll, NY: Orbis, 1999), 51.

샬롬과 다르게 전쟁, 자연재해, 성적 착취, 질병, 노예화, 기아, 물 부족 등은 두려움을 준다. 하지만 하나님 나라의 특징을 보여 주는 공동체에는 이러한 문제들을 치유하고 회복하려는 구성원들이 있다. 예술 활동은 공동체에 샬롬을 만들어 가는 데 중요한 역할을 한다. 고통을 겪는 사람들에게 희망을 제시하고, 공동체 내에 연대 의식을 심어주며, 정서적·육체적 치유를 돕는다.

화목(Reconciliation)
하나님 나라가 번성하는 공동체는 구성원 서로가 그리고 공동체 안팎으로 화목을 이루어 간다.

예술적 소통은 서로 감싸 안을 수 있도록 돕고, 기존의 경험보다 더 깊은 무언가를 끌어내는 일체감을 만든다. 함께 노래하고 춤추려면 개개인이 소리와 움직임의 조화를 위해 노력하게 되고, 그 결과인 즐거움과 기쁨, 연대감 등은 새로운 신뢰를 만들어 간다. 그 과정에서 우리의 시선이 상처에서 아름다운 진리로 옮겨진다. 예술적 소통은 회개, 용서, 연대, 사랑, 지속적인 화해의 멋진 순간으로 우리를 인도한다.

하나님 나라의 목표: 정의

사회 정의
하나님 나라가 번성하는 공동체는 가난하고 소외된 이들을 사랑하고 그들의 버팀목이 되어 준다.

하나님은 성경 전반을 통해 연약한 사람들을 돌보라고 꾸준히 말씀하셨다. 하나님은 고아, 과부, 외국인(신 10:18; 약 1:27)과 가난한 자(신 15:7-8; 시 9:18; 눅 4:18, 6:20)을 강조하셨다. 또한 정치 사회적으로 압제 받는 자(느 9:15; 눅 1:46-55), 갇힌 자(시 146:7), 굶주린 자와 노숙자(사 58:6-11; 마 25:34-40)에게 관심을 두셨다. 예수님은 하나님의 나라가 가난한 자의 것이라고 특별히 지목하여 말씀하셨다(눅 6:20-26). 하나님은 권력자의 무감각과 죄가 어떻게 소외된 사람들에게 부당함을 일으키는지 보여 주신다(시 12:5, 35:10, 72:12-14; 잠 22:22-23; 사 10:1-3).

이러한 현실에 대해, 하나님은 많이 가진 이들에게 관대하라고 말씀하신다(신 15:7-8; 잠 11:24-25; 롬 12:13; 고후 9:6-13; 약 2:15-17). 또한 소외된 이들을 친절하게 대하고(잠 14:31), 그들을 보호하며(잠 31:8-9), 그들을 억압하는 제도를 중단하라(사 58:6-11)고 말씀하셨다. 공동체들은 예술을 이용하여 하나님 나라의 정의를 표현할 수 있다. 희망을 심고, 권력자들이 환영하지 않는 진실을 말하며, 연대를 독려할 수 있다.

교육
하나님 나라가 번성하는 공동체는 성공과 사회적 기여를 위해 알아야 할 것을 배운다.

자신의 정체성을 소중하게 여기지 않는 공동체는 건강하지 못하고 교육 체계도 견고하지 않다. 빠른 사회적 변화로 성장을 위한 훈련이나 지식을 놓칠 수도 있다. 예술은 매우 효과적인 소통 체계라는 점에서 공동체는 교과목이나 교육 내용으로 예술을 포함할 수 있을 것이다.

문맹 퇴치

하나님 나라가 번성하는 공동체는 성경과 기타 문헌을 읽고 듣는다.

하나님 나라의 특징을 보여 주는 공동체는 문자나 구술 수단으로 성경과 그 외 다양한 문헌을 이용해 왔다. 따라서 사람들은 읽고 쓰고 들을 필요가 있다. 문맹 퇴치라는 목표는 기술적인 문제(예: 언어 구조 이해) 및 사회적인 문제(예: 읽고 쓰기를 원하는 마음, 이러한 능력을 습득할 수 있다는 자신감)와 관련이 있다. 특정 언어적 요소를 가진 예술 형식(노래, 드라마, 스토리텔링, 잠언, 수수께끼 등)과 비언어적 예술 형식(춤, 시각 예술) 모두 문맹 퇴치를 이루는 데 영향을 줄 수 있다.

경제적 기회

하나님 나라가 번성하는 모든 지역 공동체의 구성원들은 그 공동체의 물질적 향상을 위해 일한다.

성경은 인간이 일을 해야 한다고 말하고 있다. 하나님은 우주를 창조하신 후(창 1장), 아담에게 에덴동산을 맡기셨다(창 2:15). 하나님은 아담과 하와에게 생산적인 삶을 살라고 하셨고(잠 18:9; 골 3:23; 살후 3:10; 딤전 5:18), 노동에 관한 보상을 하셨다(딤전 5:18). 하나님 나라를 드러내는 공동체의 구성원들은 의미 있고 물질적 보상도 얻을 수 있는 일에 참여할 기회를 가진다. 예술가들의 경우, 사람들이 공연이나 전시의 대가를 지불할 때 혜택을 얻게 된다. 또한 예술적 소통은 상업 광고에 도움이 되기도 하고, 노동에 동기를 부여하며 인력을 재편할 수 있다. 번성하는 공동체는 물질적으로 건강한 구조에 기여하는 예술가들을 가치 있게 평가하고 보상한다.

하나님 나라의 목표: 성경

성경 번역

하나님 나라가 번성하는 공동체는 성경을 번역한다.

하나님 나라의 특징을 드러내는 공동체에는 성경을 통해 하나님이 말씀하신 것이 무엇인지 이해하는 사람들이 있다. 우선 공동체 구성원들은 원문에 충실한 성경 번역에 착수해야 한다. 번역은 공동체 대다수가 이해할 수 있는 방식이어야 하며, 마음 깊이 이해될 수 있도록 가장 적절한 지역 언어 형식으로 내용을 전달해야 한다. 또한 다양한 기독교 전통을 가진 교회들이 두루 사용할 수 있는 번역이어야 하고, 구술 형식의 소통으로도 쉽게 전환될 수 있어야 한다. 성경은 비유, 잠언, 이야기, 노래 가사, 시 등 다양한 예술적인 소통 양식으로 가득 차 있다. 따라서 지역 예술 장르에 대한 깊은 이해는 이러한 성경 번역의 목적을 이루는 데 도움을 줄 수 있을 것이다.

구술 성경(Oral Scripture) / 스토리텔링

하나님 나라가 번성하는 공동체는 친숙한 형식으로 성경에 접근한다.

하나님 나라를 드러내는 지역 공동체는 여러 방식으로 성경을 활용해 왔다. 지역 예술 형식, 특히 스토리텔링과 관련된 형식은 성경의 내용과 공동체의 삶을 통합하는 데 결정적인 역할을 할 수 있다.

하나님 나라의 목표: 교회 생활

공동 예배
하나님 나라가 번성하는 공동체의 그리스도인들은 함께 모여 하나님과 깊이 소통하며 예배한다.

성경적인 예배는 하나님께 온전히 드려진 삶이고(롬 12:1-2), 자신의 명예가 아닌 하나님의 영광을 위하여 매 순간을 살아가는 선택이다. 삶의 예배는 믿는 자들이 특정 시간에 함께 모여 하나님께 진심 어린 경배를 드리고 그와 깊이 소통하는 것 역시 포함한다(시 95:6, 96:9; 행 2:42; 히 10:24-25; 계 19:10). 지역 예술은 하나님을 예배하고 그의 말씀에 귀 기울이는 데 필요한 언어가 되어, 성도들이 온 마음과 영혼과 힘과 뜻을 다하도록 이끌어 준다(시 100:2; 막 12:29-30). 예수께서는 우리가 영과 진리로 예배한다면 어디서 예배하는지는 문제가 되지 않는다고 가르치셨다(요 4:21-24). 예수의 이 가르침은 모든 나라에서 온 다양한 언어를 가진 사람들이 그들 고유의 소통 방식으로 하나님을 경배하고 예배할 수 있도록 문을 열어 준다.

성경 연구와 암송
하나님 나라가 번성하는 공동체는 성경를 이해하고 기억한다.

하나님 나라의 특징을 많이 드러내는 공동체일수록 사람들은 성경을 공부하고, 기억하며, 이해한다. 연구에 따르면, 노래나 율동을 통해 말씀을 기억할 때 더 많은 뇌 영역이 활성화된다. 따라서 지역 예술을 포함해 성경을 배우는 방법이 다양할수록 기억할 가능성이 더욱 커진다.

기독교 의례
하나님의 통치가 강력한 공동체에서 사람들은 영적 의례로 중요한 순간을 특별하게 기념한다.

결혼, 성만찬, 장례, 통과 의례, 농경 축제와 같은 중요한 시기에 예술적인 소통 형식은 각 행사의 특별한 의미를 보여 준다. 행사 속 고유한 장르와 형식을 가진 예술 표현은 역사적으로 지속되면서, 하나님과의 소통을 위한 총체적인 창구가 된다.

증거(Witness)
하나님 나라가 번성하는 곳에서는 비신자들이 하나님에 관해 알게 된다.

하나님 나라의 특징이 드러나는 공동체에서 사람들은 하나님이 그들의 창조주이자 구원자임을 알게 된다. 지역 예술은 대부분 특별한 순간과 일상적 활동에 모두 얽혀 있다. 인생의 중요한 순간에 의미를 부여하기도 하고, 사회적 교류와 오락을 위한 필요를 채우기도 한다. 교육 역시 지역 예술을 포함한다. 일상과 지역 예술 표현이 결코 분리될 수 없다는 점에서 예술적 소통은 하나님의 진리를 전하는 데 매우 강력한 방법이 된다.

하나님 나라의 목표: 개인 영성 생활

영적 성장

하나님 나라가 번성하는 공동체의 그리스도인들은 영적인 성장을 경험한다.

하나님의 통치가 강력한 곳에서 그리스도인들은 하나님을 아는 지식과 경험, 하나님을 향한 순종 그리고 경건한 태도와 습관을 통해 성장한다. 예술 소통 형식은 공식적·비공식적인 영적 훈련, 지도 및 멘토링을 가능하게 하는 동력과 기본적인 틀을 제공한다.

기도와 묵상

하나님 나라가 번성하는 공동체의 개개인은 활기찬 기도 생활을 한다.

하나님 나라의 특징을 드러내는 공동체에는 진심으로 하나님과 소통하는 그리스도인들이 있다. 예술 표현은 이 소통을 한층 더 즐겁게 만들어 주며, 또한 사람들의 감정과 의지에 깊게 스며든다.

개인 성경 연구

하나님 나라가 번성하는 공동체의 개개인은 성경을 신실하고도 정확하게 살펴본다.

하나님 나라의 특징을 드러내는 공동체에는 성경을 성실하고 정확하게 연구하는 구성원들이 있다. 이들은 개인적인 성경 연구에 예술 형식을 통합하여 더 많이 기억하고, 더 깊이 이해하며, 더 큰 변화를 경험한다.

성경 적용

하나님 나라가 번성하는 공동체는 성경을 일상에 적용한다.

하나님 나라의 특징이 더욱더 두드러지는 공동체 구성원들은 성경의 가르침을 자신의 일상에 적용한다. 성경은 다양한 문화와 다른 시대를 살아가는 여러 사람을 대상으로 기록되었다. 그렇다면 오늘날 다양한 문화 속에서 우리가 말씀을 삶에 제대로 적용할 수 있는 방법은 무엇인가? 지역 예술 소통 형식은 성경의 진리를 사람들에게 각인시키고 일상에 적용하도록 동기 부여한다.

그리스도인들과 함께 일하는 게 아니라면, 지역 공동체가 '하나님 나라'라는 명시적 목적을 위해 일하도록 동기 부여하기 어렵다. 그러나 모든 인간은 하나님의 형상으로 창조되었기 때문에 우리 모두 평화, 건강, 기쁨, 의미, 정의 등을 갈망한다. 이러한 속성을 '더 나은 미래의 증거'라고 부를 수 있다. 공동체가 이런 증거들을 원한다면, 우리의 기량과 부르심에 따라 공동체 구성원들을 진심을 다해 도울 수 있다. 지역 교회와 함께 일하게 된다면, 그 목적은 자연스럽게 하나님과의 깊은 관계를 포함하게 될 것이다. 하나님 나라의 궁극적인 왕은 예수 그리스도이시다. 예수를 모르는 개인이나 공동체와 함께 걷더라도, 우리는 사랑의 행동과 말로 그들을 그리스도께 인도할 수 있다.

하나님 나라의 목표를 구체화하기 위한 단계들

하나님 나라의 여러 목표를 정리하는 것과 그중 어떤 목표를 추구해야 할지 아는 것은 다른 일이다. 지역 공동체 구성원들이 그들에게 중요한 목표를 결정할 수 있도록 함께 일하고, 그들이 실현하고자 하는 목표를 알아보라. 공동창작 과정은 공동체의 목표를 계속해서 찾고 조정하는 과정을 포함한다. 이 과정을 시작하기 위해 아래와 같은 단계를 따르라.

사람들에게서 듣고 함께 대화하라.

정부 기관, 교회, 모스크, 저축 신용 조합, 연맹과 같은 사회 조직은 대화를 위한 좋은 장소를 제공한다. 이 활동을 완성도 있게 마무리하기 위해 공동체에서 여러 분야를 대표하는 소규모의 사람들을 모을 수도 있다.

공동체의 강점과 열망을 파악하고 탐구하라.

공동체 구성원들과 그들의 자녀 그리고 공동체 전체가 지금까지 잘 해왔던 것과 앞으로 소망하는 것이 무엇인지 질문하라. 강점과 열망을 정리한 도표를 통해 하나님 나라의 특별한 가치가 존재한다는 것을 확인할 수 있을 것이다.

각 강점과 열망을 하나님 나라의 목표와 연결하라.

아래 예시된 표와 같이 강점과 열망을 알아보기 쉽도록 도표화하라.

강점과 열망	관련된 하나님 나라의 목표
세대 간 존중과 배려	정체성과 지속 가능성
기념(celebration)	정체성과 지속 가능성
환대	샬롬

지역 공동체가 가진 문제점들을 파악하라

풀기 어려운 현안들에 대해 질문하고, 그 문제의 주요 원인이 무엇인지 알아보라. 이 공동체가 5년 전, 10년 전, 20년 전과 비교했을 때 현재 겪고 있는 가장 큰 어려움은 무엇인지 물어보라. 다음 페이지의 예시와 유사한 방식으로 도표화하면, 하나님 나라의 특정 증거가 부재함을 보여 줌으로써 각 문제점이 하나님 나라의 목표와 어떻게 연결되는지 한 눈에 알아볼 수 있다.

문제점	관련된 하나님 나라의 목표
질병: HIV/AIDS, 말라리아	샬롬
전쟁, 범죄, 폭력	샬롬
세대 간 갈등, 전통의 상실	정체성과 지속 가능성
죽음에 대한 두려움	개인 영성 생활
착취: 노예, 성매매	정의
문맹	정의
성경책의 부족	성경
영적 정체	개인 영성 생활
기독 공동체의 분열	교회 생활
예배가 사라진 공동체	교회 생활
부적절한 기도	개인 영성 생활
미비한 교육 체계	정의
기아	정의

목표를 선택하라

공동체가 다루고자 하는 가장 큰 문제와 우선적으로 강화하고자 하는 강점에 대해 논의하라.

<단계 2>의 결과를 명확하게 기술하라.
아래 형식에 맞게 공동체 이름과 목표를 채워 넣어 목표문을 완성하라.

_____ 은/는
_{공동체 이름}

_____ 을/를 선택하였다.
_{하나님 나라의 목표}

단계 3

예술 장르와 목표를 연결한다

공동체 구성원들이 그들의 공동 목표를 확인했다면, 그다음 단계는 예술로 그 목표를 이룰 수 있도록 계획하는 것이다. 예술 장르는 특정 내용을 담아내고 그 효과를 만들어 내기에 매우 유용하다. <단계 3>에서는 적합한 예술 장르를 선택하고 하나님 나라의 목표와 연결하는 일련의 과정을 설명한다.

실현 가능성: 장르 선택을 가능하게 하는 자원이 있는가?
예를 들어, 그 예술 장르를 실현하는 방법을 알고 있는 사람들이 있는가?
행사: 이 장르의 선택은 사람들이 하나님 나라의 목표를 생각하고, 느끼고, 실행하는 데 도움이 되는가?
이 장르에 적합한 행사는 무엇인가?
내용: 원하는 효과를 얻을 수 있는 내용(주제)은 무엇인가?
장르에 내재되어 있는 의미가 원하는 효과를 압도하거나 약화시킬 가능성은 없는가?

새로운 예술 활동의 기대 효과를 선택하라

지역 공동체에서 예술 활동을 통해 얻고자 하는 효과는 무엇인가? 다음은 공동체 구성원들이 기대할 수 있는 몇 가지 효과의 예시가 될 수 있다.
– 중요한 메시지 이해, 차별화된 행동, 쓸모없거나 위험한 행동의 변화, 새로운 일을 실행, 다른 관점의 생각, 타인과의 연대감, 희망/기쁨/분노/회한/행복/ 평화/만족/안도/공감/놀라움 등의 감정을 경험.

하나님 나라의 목표를 따라 살아가도록 사람들을 변화시킬 방법을 함께 탐색하라.
토의한 내용을 정리하여 기록하라.

새로운 예술 활동의 내용(주제)을 선택하라

 사람들이 예술을 통해 배우게 되는 특정 신념에 기대 효과(desired effects)가 달려 있다면, 그 신념이 신뢰할 만한지 확인해야 한다.

정확한 메시지를 전달하기 위해 가르칠 내용을 연구하라. 예를 들어, 만약 전달하려는 메시지가 말라리아의 감염 경로와 예방법에 관한 것이라면, 그 사실을 확인하기 위해 건강 관리 전문가와 의논해야 한다. 메시지가 성경과 관련된 것이라면, 먼저 본문을 공부하고 성경학자나 번역가와 논의하라. 또한 그 내용에 관해 지도자나 다른 예술가들 그리고 누구보다 하나님과 이야기하라.

아래 질문들에 관해 함께 의논하고 답변을 정리하라.
- 우리가 전달하고자 하는 내용은 무엇인가?
- 그 내용이 신뢰할 만한지 어떻게 확인할 수 있는가?

주제를 전달하고 기대 효과를 만들어 낼 장르를 선택하라

모든 예술 장르는 전달하고자 하는 메시지와 그 효과에 영향을 끼친다. <단계 1>에서 당신이 정리한 예술 장르 목록과 장르 대조표를 공동체 구성원들과 함께 재검토하고, 필요한 경우 추가하라.

장르	간단한 설명	행사	참가자	함축된 의미	효과	기관

<자료 8> 목표와 장르 연결을 단순화한 도표

각 장르에 관해 다음과 같이 질문하라.
- 이 장르의 새 예술 작품이 우리가 원하는 효과를 가져올 수 있는가?
- 만약 그렇지 않다면 그 이유는 무엇인가?
- 이 장르의 새 예술 작품이 선택한 내용과 주제를 명확하게 전달하는 데 효과적인가?
- 만약 그렇지 않다면 그 이유는 무엇인가?

주제를 전달하고 변화 효과를 주는 데 가장 적합할 것으로 보이는 한두 개의 장르로 선택의 폭을 좁혀라.

모든 예술 장르는 하나님의 목적을 드러낼 수 있는 특성들을 가진다. 그러나 공동체의 삶에 변화를 일으키는 데 모든 장르가 언제나 적절하다고 할 수는 없다. 이 일에 참여하는 이들 모두가 기도하며 성령님의 지혜를 구하도록 독려하라. 지도자들이 현명한 선택이라고 판단하지 않는 한, 그 장르를 새로운 목적으로 사용하도록 강요하지 말라. 하나님께서 지금 이 일이 일어나기를 원하신다는 확신을 가질 수 있어야 한다.

새로운 작품을 실행할 행사에 관한 생각을 자유롭게 나누라

 한 장르의 새로운 창작을 계획하기 전에 그 예술 작품이 재현될 상황을 상상하고, 새로운 작품이 소통의 기능을 얼마나 잘 실행할 수 있을지 생각해 보라. 소통의 맥락을 보여 주는 몇 개의 예시는 아래 목록에서 확인할 수 있다. 함께 다음과 같이 해 보라.
- 새 작품들을 담아낼 수 있는 행사들의 목록을 작성해 보라.
- 효과, 주제(메시지), 장르 등 지금까지 선택한 내용을 상기해 보라.
- 나열한 행사 유형 중 몇 가지를 골라 전달 요소와 관련된 내용을 간단히 적어 보라.
  - 누가 전달자(communicators)인가?
  - 언제, 어디서 그러한 행사가 가능한가?
  - 참여자들이 어떤 감각을 사용하게 될 것인가?
  - 그 장르는 사람들이 경험할 메시지에 어떻게 영향을 미치는가?
  - 사람들이 그 예술성을 경험할 때 당신이 원하는 효과를 얻을 수 있는가?
  - 사람들이 예술 전달자들에게 어떻게 반응할 것인가?
- 새로운 작품을 공연하거나 발표하기 원하는 행사를 선택하라.

아래 형식에 맞게 <단계 3>의 결과를 서술하라.

_____ 은/는 우리 공동체가
공동체 이름

_____ 을/를 향해 나아가도록 돕고
선택한 하나님 나라의 목표

_____ 을 일으키기 위해
사람들에게 미칠 영향

_____ 을/를 가진
내용

_____ 을/를 기반으로
장르명

_____ 을/를 준비할 것이다.
행사명

단계 4

장르와 행사를 분석한다

새롭고 효과적인 작품을 창조하기 위해서는 해당 장르에 대한 이해가 선행되어야 한다. <단계 4>는 선택한 예술 장르를 연구하고 분석하기 위한 세부적인 아이디어를 제안한다. 예술 형식에 관해 더 많이 배울 때 기억해야 할 점은, 시간이 지나면 모든 것이 변할 수 있다는 사실이다. 내일이라도 당장 달라질 수 있는 만큼 당신의 이해에 너무 큰 무게를 두지 말라. <단계 4>는 다음과 같은 요소들을 포함한다.[12]

- 분석하기 위한 예술 행사를 선택하라.
- 전체 행사를 먼저 훑어보라.
- 행사에 포함된 각 장르를 훑어보라.
- 7개의 렌즈를 통해 행사의 형식을 깊이 이해하라.
- 행사에 포함된 각 장르를 더 넓은 문화적 맥락과 연결하라.
- 교회 예술을 탐구하라.

<단계 4>를 실행할 때, 여기 제시된 조사 활동이 공동체가 선택한 예술 장르를 탐구하는 데 모두 적합하지는 않다는 것을 알게 될 것이다. 설령 모두 적합하다고 해도 그 모든 활동을 할 시간적 여유가 충분하지 않을 것이다. 그러니 항상 '전체 관찰' 활동으로 시작하라. 이 방법을 통해 상대적으로 적은 에너지와 시간으로 많은 통찰을 얻을 수 있다. 그 후에 가장 흥미롭고 적절하다고 여겨지는 것을 선택하라. 그렇다면 충분히 해낼 수 있을 것이다.

---

12) CLAT Manual 워크북(2013)에서 단계 4는 네 개의 하위 단계(4A, 4B, 4C, 4D)로 나뉜다. 이 요약본에서는 그 구성을 따르지 않고, 대신 4A, 4C, 4D에서 가장 유용하고 접근 가능한 요소들을 선정하여 포함했다.

음원 및 영상 기록을 위한 간단한 조언

예술 활동과 그 결과를 기록한 음원이나 영상은 기억을 향상시킨다. 기록은 무슨 일이 일어났는지 재검토하거나 애초에 놓쳤던 부분을 파악할 수 있고, 반복해서 듣거나 보면서 배울 수 있는 등 많은 이점을 제공한다. 더욱 유용한 기록을 만드는 데 도움이 될 만한 몇 가지 기초 아이디어를 여기에 제시한다.

할 수 있는 한 가장 최고의 장비를 준비하라. 기술은 계속 변화하기 때문에 당신에게 필요한 특정 장비가 무엇인지 여기서 정확하게 언급하기는 어렵다. 당신이 사는 지역의 사람들에게 조언을 구하고, 입수한 장비 사용법을 배우라.

기록의 완성도가 떨어지더라도 하지 않는 것보다는 낫다. 그러니 **일단 기록하라**. 다만 녹음 기술을 향상하기 위한 방법을 강구하고, 경험 부족을 이유로 영상 및 음원을 기록하지 못하는 일이 없도록 하라.

백업 장비를 준비하라. 예상치 못할 때 장비가 고장 날 수 있다. 여분의 배터리를 준비하고, 가능하다면 다른 녹음 장비를 챙겨 두라.

어떤 종류의 기록이 원하는 목표를 충족할 수 있는지 확인하라. 기록 보관소나 미디어 제작자에게 기록을 보낼 계획이라면 그들이 제시하는 기준을 확인해야 한다.

음원 및 영상 기록의 대상이 되는 사람들에게 **녹음 및 촬영 여부를 허가받도록 하라**. 기록물의 활용 계획을 설명하고 사용 동의를 구하라. 그들의 동의서를 받거나 동의한다는 내용을 녹음할 수 있다.

음원이나 영상 기록물을 모두 문서화하라. 음원 및 영상을 사용할 수 없게 되거나 녹음 내용에 대해 아는 이가 아무도 없게 된다면, 모든 기록은 무용지물이 된다. 따라서 당신이 기록한 내용에 대해 언제, 어디서, 무엇을, 누구를 녹음 또는 녹화했는지 문서로 남기라. 혹은 당신의 목소리로 "이것은 [당신의 이름]이, [이러이러한 장소]에서, [이러이러한 날]에 [이런 사람]을 기록하였다"라고 녹음할 수 있다.

<자료 9> 음원 및 영상 기록을 위한 간단한 조언

분석할 예술 행사를 선택하라

우선 어떤 행사에 대해 더 알고 싶은지 결정해야 한다. 공동체 예술을 더 깊이 이해하기 위해 실제 행사를 경험해 보는 것은 매우 중요하다. 누군가와 추상적인 대화를 나눈 것이 전부라면 당신의 결론을 신뢰할 수 없을 것이다.

하나에서 수백 개에 이르는 다양한 행사를 어디서든 탐구할 수 있으며, 각각의 행사는 장르에 대한 이해를 더 풍성하게 만들 것이다. 연구할 행사를 선택하는 데 도움이 될 다음의 지침을 참조하라.

연구에 적합한 예술 행사의 특징

직접적인 경험: 행사 및 대상을 직접 볼 수 있거나 좋은 영상 기록을 확보할 수 있어야 한다.
선택 장르: 해당 행사는 공동체와 함께 작업하기로 선택한 장르를 포함해야 한다.
공동체 행사: 행사는 공동체 사람들이 참여한 것이어야 한다.
좋은 예시: 행사는 해당 장르의 전형적인 예로, 공동체의 숙련된 예술가들이 행한 것이어야 한다.

<자료 10> 연구에 적합한 예술 행사의 특징

행사 전체를 먼저 훑어보라

아래 항목을 사용하여 처음 관찰했던 내용이나 간략한 인터뷰 그리고 예술 행사의 평가 등을 기록하라. 그 이후 각각의 분류 항목에 따라 더 상세한 내용을 탐구할 수 있을 것이다.

상황(context)
공동체 이름: _____
지역(나라, 지역, 도시/마을, 장소): _____
날짜: _____
기록자 이름: _____

예술적 소통 형식과 관련된 기본 분류 항목들
공간
이 행사는 실내에서 진행되는가, 실외에서 진행되는가?
사람들은 행사 장소 내 어디에 배치되었는가?
시간에 따라 공간 사용이 바뀌는가? 만약 그렇다면 어떻게 달라지는가?

물품
어떤 의상, 의복, 악기, 전자 매체, 음향 기기, 조명 등이 확인되었는가?
가능하다면 사진을 찍고 관찰한 것을 스케치하라.

참여자 구성

참여한 사람들은 누구인가?

성별과 연령별로 몇 명이 참여하였는가?

다른 인구학적 변수는 무엇인가? 사회적 신분은?

참여자들은 무엇을 하고 있었는가?

그들은 어떤 상호 작용을 했는가?

행사를 구성, 공지, 홍보한 사람은 누구인가?

시간 경과에 따른 행사 구성

그 행사는 얼마나 오래 지속되었는가?

언제 이 행사가 진행되었는가?

행사의 주요 구성은 어떻게 되는가?

공연 특징

행사에 참여한 모든 사람이 각각 무엇을 하였는가?

행사 전후 활동을 포함해서 이 행사와 관련된 활동에는 어떤 것들이 있는가?

내용

어떤 종류의 줄거리, 글, 교훈, 주제, 언어 등이 사용되었는가?

근본적인 기호 체계

위의 나열된 요소들과 관련된 의미는 무엇인가?

예술이 해당 문화에 얼마나 부합하는지에 관한 분류 항목들

분명한 목적

이 행사의 이유는 무엇인가?

사람들이 이 행사에 이름을 붙였는가?

이 행사에서 사람들이 성취거나 달성하려는 것은 무엇이었는가?

그들이 어떻게 그 목적을 이루려 하였는가?

구체적으로 명시되거나 암묵적으로 이해되는 부차적인 목표가 있었는가?

그들의 목표는 이 행사 자체에 어떤 영향을 미치는가?

감정

이 행사에 대해 참가자들이 어떤 감정을 느끼는가?

그 외 다른 사람들은 이 행사에 어떤 감정을 느끼는가?

이 행사 전체, 혹은 행사의 일부분(예: 연설, 노래 등)을 통해 표현되는 감정은 무엇이었는가?

공동체의 가치 발현

행사 내에서 다음과 같은 징후를 보았는가? 계층적 구조인가, 평등한 사회 구조인가? 자유로운 분위기인가, 경직된 분위기인가? 순응의 징후인가, 불순응의 징후인가?

글이나 공간 배치, 혹은 참가자들 사이의 상호 작용 안에 공동체적 가치를 보여 주는 실마리가 있었는가?

공동 투자

공동체가 행사를 위해 얼마나 많은 그리고 어떤 종류의 자원을 투입하였는가?

(준비 시간, 재정, 행사 기간, 참여 인원수 등이 자원에 포함될 수 있다.)

행사에 포함된 각 장르들을 훑어보라

 아래의 간단한 질문은 행사에서 사용된 예술 유형을 살펴보는 데 도움을 준다. 행사 안에는 여러 예술 장르가 존재하겠으나, 한 번에 한 가지 유형만을 아래 질문에 따라 살펴보라.

- 사람들이 어떤 예술적 결과를 만들어 내는가? (예: 장르 이름 / 미술, 연극, 노래, 춤 등의 활동)
- 보통 예술 작품을 만들거나 공연하는 사람은 누구인가? (예: 여성, 남성, 어린이, 계급 구성원)
  또한 저명한 창작자나 연주자 명단을 확보하라.
- 보통 예술 작품을 만들거나 공연하는 장소는 어디인가? (예: 실외, 실내, 특별한 장소)
- 보통 언제 예술 작품을 만들거나 공연하는가? (예: 낮, 밤, 행사/의례 시, 주간 행사, 즉흥적으로)
- 사람들이 보통 누구를 위해 작품을 공연하거나 발표하는가? (예: 잠재적 구혼자, 열광적인 청중, 신)
- 이 사람들이 보통 예술 작품을 만들거나 공연하는 이유는 무엇인가? (예: 감정 표현, 수익 창출, 동기 부여, 정체성 확인, 놀이 등을 위해)
- 작품을 공연하거나 발표하는 데 어떤 의미가 함축되어 있는가? (예: 파티, 특정 연령 집단, 영적, 성적 유희)
- 장르의 새로운 사례가 만들어지는 일반적인 창작 방법은 무엇인가? (예: 개인의 독자적 창작, 꿈의 실현, 그룹 창작 과정)

7가지 렌즈를 통해 행사의 여러 형식을 깊이 이해하라

물리적 용어로 '렌즈'는 유리의 특별한 형태이다. 유리를 세공하거나 변경하여 빛이 투과될 때 그 방향이 바뀌도록 한다. 만든 이의 목적에 따라 렌즈는 대상 물체를 더 가깝거나 더 멀리, 혹은 더 짙은 색으로 보이도록 할 수 있다. 즉 렌즈는 바라보는 대상의 한 측면에 초점을 맞추는 방법이다. 우리는 이와 같은 개념을 은유적으로 사용하여 예술을 연구하도록 안내할 것이다. 특히 눈, 귀, 코, 피부, 몸 등을 활용하여 7가지 세부 항목을 밝힐 방법을 제시한다. 7가지 항목은 공간, 물품, 참여자 구성, 시간 흐름에 따른 행사 구성, 공연 특징, 내용 그리고 근본적인 기호 체계로 나뉜다.

이러한 각각의 렌즈가 서로 매우 밀접하게 상호 작용한다는 사실에 주목하라. 어떤 렌즈는 같은 대상을 서로 다른 관점으로 묘사한다. 따라서 특징이 반복되어 나타나더라도 놀라지 말라. 또한 모든 렌즈가 행사에 대한 통찰을 잘 드러내는 것은 아니다. 어떤 하나의 렌즈가 큰 도움을 주지 못했다면 다른 렌즈를 선택하도록 하라.

이 렌즈들은 예술을 활용한 특정 행사를 깊이 이해할 수 있도록 돕기 위해 고안되었다. 어떤 행사를 처음 접하게 될 경우, 어떤 부분이 일반적이고 어떤 부분이 특별한지 그 차이를 인지하기 어렵다. 하지만 이 렌즈들을 사용하여 유사한 형태의 다양한 행사들을 묘사함으로써 공통점과 차이점을 모두 식별할 수 있을 것이다.

렌즈 1: 공간

공간은 예술적 소통이 일어나는 장소의 위치, 경계 표시, 물리적 특징을 포함한다. 공간은 참여자의 움직임과 그들의 상호 관계에 영향을 미친다. 공간은 참여자의 이동 시간을 늘리거나 줄일 뿐 아니라, 공연의 다른 요소에도 영향을 미친다.

공간은 특별히 드라마나 춤의 요소를 가진 행사에서 그 중요성이 크다. 예술 창작자들은 공간을 다루면서 비율, 리듬, 균형과 같은 요소를 토대로 형식적 구조를 만든다.

공간에 대해 알아보기 위해 아래와 같은 활동을 하라.
- 질문하라: 공연 활동이 이루어지는 곳이 실내인가, 야외인가, 혹은 양쪽 모두인가? 그 장소의 특징(예: 형태와 크기 등)은 무엇인가? 공간이 분리되는 부분은 어디인가? 분리된 각 공간과 관련된 활동은 무엇인가?
- 구역과 경계를 포함한 평면도를 그려 보라.
- 그 장소와 그 주변 환경을 사진으로 남기라.
- 참여자와 더불어 또 다른 문화적 내부자들에게 공간에서 일어난 일에 대해 질문하라. 원한다면 행사 영상을 보면서 질문할 수 있다.
- 행사가 열린 공간의 여러 요소를 현지식 명칭으로 정리하라.

렌즈 2: 물품

물품은 행사와 관련된 여러 유형의 사물 전부를 일컬으며, 의상, 예복, 악기, 소품, 조명 등이 이에 해당한다. 어떤 물품은 다른 것보다 행사 체험과 실행에 더 중요하다. 물품은 사람이 손수 제작할 수도 있고(예: 가면), 특수한 기능을 위해 선택하기도 한다(예: 왕실 예복을 상징하는 독수리 깃털). 사용되는 물건들은 다중의 목표나 다양한 의미를 나타낼 수도 있다. 예컨대, 아툼판 북(Atumpan drum, 가나)은 음악 앙상블의 하나로 기능하는 동시에, 그 모양과 색과 양식으로 왕실을 상징하기도 한다. 그러므로 기능적이면서도 상징적인 역할을 모두 수행한다고 할 수 있다. 일부 물품은 행사 활동과는 관계없을 수 있다는 점도 기억하라.

드라마는 의상과 소품을 사용하여 등장인물의 성격을 보여 주고 극적인 상황을 제공한다. 음악적인 특성을 연출하기 위해 흔히 사용되는 것은 악기이고, 춤 공연에서 의상과 소품은 동작을 돋보이게 한다. 또한 이야기 전문가는 이야기 속의 사건을 상징적으로 보여 주기 위해 소품을 사용할 수 있을 것이다. 시각 예술가들은 작품에 다양한 종류의 물품을 활용하기도 한다.

물품에 관해 알아보기 위해 아래와 같은 활동을 하라.
- 아래 질문을 통해 행사와 관련된 물품 목록을 정리하라.
    - 건물 같은 구조물을 포함하여 어떤 물건들이 사용되는가?
    - 사람들이 행사를 위해 특별히 가져오는 물건은 무엇인가?
    - 사람들이 어떤 복장을 착용하는가?
    - 사람들이 손으로 잡거나 발로 차거나 몸을 활용하는 물건이 있다면 무엇인가?
    - 행사와 관련된 음식이나 음료가 있는가?
- 각 물품과 관련해 아래와 같은 정보를 적으라.
    - 물건의 현지식 명칭이나 사용되는 다른 이름은 무엇인가?
    - 물건의 물리적 특징에는 어떤 것들이 있는가? (여기에는 재료, 디자인, 구조, 무게, 길이 등을 포함할 수 있다. 기초 재료에는 식물성 혹은 동물성 섬유, 광물, 금속, 플라스틱, 나무 등이 해당된다.)

렌즈 3: 참여자 구성

모든 지역 구성원들은 어떤 방식으로든 예술 행사에 참여한다. 행사에 직접 참여하지 않더라도 준비 과정을 통해 참여했을 수 있다. 모든 참여자들은 각자의 역할을 수행하면서 공연에 영향을 미친다. 창작자, 공연자(노래하는 사람, 악기 연주자, 연기자, 춤추는 사람, 이야기 전문가 등), 청중(애호가, 구경꾼, 방해꾼 등), 조력자(공연 세트 설치 팀, 무대 감독, 조명 감독, 검표원, 경비원, 안내원 등), 프로듀서, 감독 등 그 역할은 다양하다. 참여자의 이력은 행사의 형식적인 특성뿐 아니라 그들의 기술, 친족 관계 및 그 외 여러 관계성, 신분, 일상에서의 역할 그리고 종족이나 종교 및 사회적 정체성과도 관련된다. 예를 들어, 성직자의 경우 종교적인 의례에서 유일하게 특정 역할을 담당할 수 있는 존재라 할 수 있다.

아래 활동을 하면서 참여자에 대해 알아보라.
- 질문하라
    - 그곳에 얼마나 많은 참여자가 있었는가? (문화권에 따라서 조상이나 신들도 포함하는지 확인하라)
    - 참여자들 각각의 역할은 무엇이었는가?
    - 참여자들이 상호 작용하기 위해 어떤 방식으로 공연 특성을 활용했는가?
    - 참여자들 사이에 뚜렷하게 나타나는 행동 양식(예절 등)이 존재하는가?
    - 행사 참여자의 역할에 현지식 명칭이 존재하는가?
    - 교육 배경, 능력, 명성, 직업, 계급/신분과 관련해 각 참가자의 현저한 특징은 무엇인가?
- 행사와 관련된 음원, 영상과 사진 자료를 남기라.
    - 이와 같은 유형의 행사에서 당신이 할 수 있는 역할이 무엇인지 행사에 관여한 친구에게 물어보라. 당신이 다양한 역할을 수행하기 위해 갖추어야 하는 혹은 배워야 하는 배경과 역량이 무엇인지 파

악하라. 적절한 때 이런 유형의 행사에 참여할 수 있도록 준비하라.
- 참여자의 행동과 상호 작용을 시간대별로 정리한 표를 만들라.
- 참여자들이나 다른 문화 내부자들에게 행사에서 일어난 일들에 대해 질문하라. 행사와 관련된 영상을 보면서 질문할 수 있다.

앞서 했던 것과 마찬가지로 의미와 상징성, 폭넓은 문화적 주제들을 찾아보라.

렌즈 4: 시간의 흐름에 따른 행사 구성

행사의 구성을 설명하는 한 가지 방법은 일어난 일을 시간순으로 분석하는 것이다. 행사 요소들 사이에 특별한 변화를 감지하면서, 행사의 한 부분이 끝나고 다음 순서가 시작되는 시점을 확인하라. 각 렌즈를 통해 행사를 관찰하면서 전환이 있는 지점에 주목하라. 이 전환을 표식(makers)이라 부를 수 있는데, 예를 들어 휴식이나 갑작스러운 참가자 교체 등을 표식으로 볼 수 있다. 또한 참가자 활동의 시작과 끝, 또는 노래의 시작과 끝도 표식에 포함될 수 있다.

극적인 특징을 가진 장르 가운데 하나인 연극은 막과 장면, 특정 몸짓과 움직임으로 전환된다. 연주나 콘서트는 노래, 절(verses), 구(phrases) 그리고 음정 등의 체계로 설명할 수 있을 것이다. 춤 장르는 작품, 모티브, 몸동작 등으로 구성되며, 시와 같은 구술 예술은 연, 절, 운율 등으로 나뉜다.

 아래 활동을 하면서 행사의 구성과 형태에 대해 알아보라.
- 행사의 음원과 영상 기록을 남기라.
- 다음 단계에 따라 행사 구간별 타임라인을 작성하라.

1단계

녹음한 기록을 듣거나 시청하면서 시간의 흐름에 따라 일어나는 변화에 주목하고 행사의 타임라인을 정리하라.

시간	일어난 일
13:30	이야기 전문가들이 도착하기 시작
...	...
...	...
14:27	모두 그 자리를 떠남

2단계

다시 한 번 기록을 듣거나 보면서 중요한 전환점이 무엇인지 주목하고 기록하라(이를 위해 예술 행사에 참여했던 누군가와 이 활동을 함께할 필요가 있다). 그리고 다음 페이지의 예시와 같은 표를 작성하라. 시간별로, 조사 방향에 따라 더 세분화하여 구성 체계를 나눌 수 있다.

1부(5분)		2부(12분)			3부(10분)			4부(3분)		
1A	1B	2A	2B	2C	3A	3B	3C	4A	4B	4C

렌즈 5: 공연 특징

공연의 특징은 사람들이 행사에서 행한 내용의 결과이자 공연의 성격이다. 공연자는 고유한 기술을 사용하여 행사를 진행한다. 그들은 예술 형식의 기본적인 규칙을 알고 있으며, 성공적인 행사 진행을 위해 그 규칙을 숙지해야 한다. 공연 특징의 여러 항목을 다음과 같이 정리할 수 있다.

공연 특징의 여러 항목

목소리 특징: 참가자들은 목소리를 사용하여 드라마에서는 연기하고, 음악 장르에서는 노래한다. 춤 공연에서 목소리 활용은 몸의 움직임과 함께 호흡을 조절하는 데 도움이 된다. 구술 언어 예술의 경우 목소리의 음정이나 음색의 변화로 효과를 만들어 낸다.

몸의 움직임: 드라마 공연 참가자들은 몸의 움직임을 사용하여 연기하고, 인물의 성격을 만들며, 공간을 구성한다. 음악의 경우 참가자들이 몸을 써서 악기를 연주하며, 춤의 경우 몸의 움직임으로 마디를 나누고 몸과 공간을 구성한다. 구술 언어 예술의 경우 구술할 때 몸동작을 보여 주기도 한다.

물품 사용: 드라마의 경우 연기를 보조하는 데 소품을 활용하고, 음악의 경우 연주자들이 악기를 연주하거나 목소리를 변조하기 위해 도구를 사용하기도 한다. 춤 공연에서는 소품이나 장치가 동작을 지지해 주는 역할을 하기도 한다. 구술 언어 예술의 경우 도구를 활용하여 말하는 내용의 여러 요소를 강조하며, 시각 예술에서는 참가자가 의사 전달을 위해 도구를 만들거나 제시한다.

시각적 특성: 시각적 특징은 드라마 극이나 춤 공연에 있어서 중요한 역할을 한다. 의상이나 화장술, 인형 등의 여러 요소들이 시각적 역할을 하게 된다. 시각 예술에서 디자인이나 구성은 시각적 특징을 결합한다.

리듬: 다중 리듬, 균형 리듬, 자유 리듬은 음악적 특성에 영향을 주는 리듬 특징이다. 다중 리듬은 대조적인 여러 리듬이 동시에 연주되는 것이고, 균형 리듬은 작은 리듬 단위가 모여 큰 리듬 단위를 형성하는 리듬 체계를 말한다. 자유 리듬은 분명한 패턴이 존재하지 않는 리듬을 의미한다.

해설: 해설은 드라마나 구술 언어 예술에서 어떤 사건을 설명하거나 재조명할 때 중요한 역할을 한다.

시적 장치: 드라마 연기나 노래 가사, 구술 언어 예술에 시적 장치가 사용될 수 있다.

<자료 11> 공연 특징의 여러 항목

다음과 같은 내용을 하면서 행사의 공연 특징에 관해 알아보라.
- 행사가 진행되는 동안(실연이든 영상이든), 아래 질문에 대한 대답을 자유롭게 기술하라.
  - 당신은 어떤 소리를 들었는가?
  - 당신이 본 동작, 색깔, 빛 그리고 형태는 무엇인가?
  - 당신이 맡은 향은 무엇인가? 당신이 느낀 감각은 무엇인가?
  - 당신이 경험한 맛은 무엇인가?
- 행사를 관찰하는 동안(실연이든 영상이든), 아래 질문에 대한 대답을 자유롭게 기술하라.
  - 참가자가 자신의 목소리를 어떻게 사용하는가?
  - 일반적으로 목소리 표현은 노래, 연기, 구술, 해설, 음향 효과 제작 등을 포함한다.
  - 참가자들이 몸으로 하는 행위는 무엇인가?
  - 보통 신체 표현은 연기, 악기 연주, 춤 등이 있다.
  - 참가자들은 자신의 언어로 무엇을 하는가?
  - 일반적인 언어 관련 활동은 시 낭송, 노래, 연기, 구술, 해설 등이 있다.
  - 참가자들이 어떤 소품을 사용하는가?
  - 보통 사물을 활용한 활동은 악기 연주, 연기, 화려한 장면 연출, 춤, 연설, 해설, 의사소통용 물품 제시 등이 포함된다.

렌즈 6: 내용

내용은 예술 행사의 주제나 소재를 말하며, 기호화된 언어의 말이나 춤에서 표현된 움직임 같은 상징과 밀접하게 결부된다. 의미는 다층적으로 존재할 수 있는데, 의미하는 바가 함축적일 수도 있고 노골적일 수도 있다. 내용을 이해하기 위해 지역의 언어와 소통 체계를 매우 잘 알고 있는 사람들과 관계를 잘 맺어야 한다. 단순히 추측하지 않도록 주의하라.

행사의 내용을 파악하기 위해 아래와 같은 활동을 행하라.
- 행사를 녹음하거나 녹화하라. 행사 중에 사람들이 중요한 단어를 언급하거나 상징적인 동작을 할 때 그 의미에 관해 친구들에게 질문하고 그 내용을 기록하라.
- 행사가 진행되는 동안 참가자들이 전달하고자 했던 내용이 무엇인지 그들에게 직접 질문하라.
- 행사를 통해 참가자들이 다른 사람에게서 불러일으키고자 했던 감정이나 행동은 무엇인지 물어보라.
- 참가자들에게 화가 나거나, 재미있거나, 지루하거나, 혹은 열정을 일으키는 주제가 무엇이었는지 물어보라.

렌즈 7: 근본적인 기호 체계

행사 참가자들은 공통된 심적·감정적 배경을 공유한다. 공연이 진행되는 동안 참가자들은 이미 공유된 규칙, 기대, 문법 구조, 동기, 경험 등을 바탕으로 주어진 시간에 무엇을 할지 결정한다. 공유된 지식과 이해가 바로 근본적인 기호 체계이며, 이것은 공연의 구성과 해석에 영향을 미친다.

근본적인 기호 체계 가운데 일부는 단순하고 알아차리기 쉽다. 예를 들어, 인도네시아의 전통 앙상블인 가믈란

(gamelan)은 순환 패턴을 가지는데, 연주 중에 일정한 간격으로 울리는 큰 징으로 인해 이 패턴을 빠르게 인지할 수 있다. 이와 비슷한 경우로, 슈트라우스의 왈츠는 3박자로 박절이 나뉜다. 첫 박은 늘 강박이기 때문에 슈트라우스 왈츠는 폭넓은 분석을 요구하지 않는다. 또 다른 예로, 태국 리케이(likay) 드라마의 경우 등장인물의 행동과 의상 관습을 먼저 간략히 설명하기 때문에 청중들이 전형적 인물들을 빠르게 이해할 수 있다.

어떤 근본 체계는 이해하기 어려울 수 있기에 더 섬세한 방법으로 깊이 분석할 필요가 있다. 참가자들을 인터뷰하거나 행사에 직접 참여해야 하는 경우도 있다. 예를 들어, 노래의 운율이나 리듬 구조를 좌우하는 문법 규칙이 항상 명백한 것은 아니다. 행사에서 허용되는 춤의 움직임이 늘 분명한 것도 아니며, 그림에서 공간을 활용하는 세밀한 방식이 바로 드러나지 않는 경우도 종종 있다. 근본적인 기호 체계의 세부 내용을 밝히는 방법은 이 매뉴얼에서 모두 다루기 어려울 만큼 방대하다.

행사를 구성하는 예술 장르를 폭넓은 문화적 맥락과 연결하라

예술성은 늘 공동체의 여러 현실과 밀접하게 얽혀 있다. 따라서 공동체에 관한 더욱 폭넓은 이해가 뒷받침되어야 음악, 드라마, 춤, 언어 예술, 시각 예술, 요리 등과 같은 예술 분야의 특성을 제대로 파악할 수 있다.
예술 형식이 해당 문화에 얼마나 적합한지 더 깊은 통찰을 얻는 데 도움을 주기 위해 아래 제시된 내용을 탐구하라. 다시 한 번 강조하지만, 가장 흥미롭고 적절하다고 여겨지는 활동을 선택하라.

예술가들

지역 공동체가 하나님 나라의 목표를 위해 예술을 활용하도록 하려는 모든 계획에는 그 핵심에 예술가들에 대한 이해와 그들과의 교류가 반드시 포함되어야 한다. 우리를 향한 하나님의 부르심은 예술가들로부터 배우고, 그들을 환대하며 격려하는 것이다. 예술가들이야말로 공동창작 활동의 핵심 인물이라고 할 수 있다.

 예술가들에 관해 알아보기 위해 아래 활동을 행하라.
당신이 연구하고 있는 예술 형식에 관련된 예술가들과 교류하라. 아마도 숙련된 예술가들과 함께 공식·비공식적으로 연구해야 할 것이다. 예술가들의 개인적인 삶과 그들의 예술 세계에 동참하라. 작가들과 동석하여 그들의 창작 활동을 관찰하고, 그들이 가르치는 과정에 참관을 요청하라. 당신의 개인적인 삶과 예술적인 재능을 그들과 공유하라.

 아래 내용을 질문해 보라.
– 예술가들이 공동체와 연관된 예술 장르를 어떻게 다루는가?
– 공동체 안에서 예술가들의 지위는 어떠한가?
– 그들이 하는 예술 유형에 따라 사회적 지위의 차이가 존재하는가?
  (예: 왕족을 위한 북 연주, 개인의 인생에서 중요한 사건을 위한 노래 창작, 사창가에서 상연되는 선정적인 드라마 등)

- 선택된 장르의 전문 예술가가 되는 방법은 무엇인가?
- 선택된 장르는 개인적인 노력과 기술(skill)로 만들어졌는가, 사회적인 구조(예술가 계급)에 기반을 두고 있는가, 아니면 두 가지가 복합적으로 작용하는가?

창조성

모든 공동체는 이전에 존재하지 않았던 것을 만들어 낸다. 그러나 각 공동체는 서로 다른 방식으로 새로운 무언가를 생각하고 창조한다.

어떤 예술 장르에서 창조성을 발현하는 방식을 찾기 위해 다음과 같은 활동을 하라.

공동체에 새로운 작업을 의뢰하여 관찰하고 참여하라. 당신이 창작 과정에 참여할 때, 새로운 작품이 만들어지는 방식과 그 창작 주체가 누구인지 발견할 수 있다.

다음과 같은 내용을 질문하라.

- 새로운 작품들이 계획적인 의도를 가지고 만들어졌는가, 아니면 꿈이나 환상에서 받은 영감으로 만들어졌는가?
- 새로운 작품들이 개인에 의해 만들어졌는가, 아니면 공동 작품인가?
- 창작에는 어떤 기법이 사용되었는가? (즉흥 창작, 공동 창작, 개인 작업)
- 그 공동체는 전통과 동떨어진 작품을 높이 평가하는가, 아니면 전통을 계승·발전시킨 작품을 가치 있게 여기는가?

언어

예술 행사에서 사용하는 언어(언어들)와 그 언어 유형은 그 행사와 더 넓은 문화적 맥락과의 관계에 관해 상당히 많은 정보를 전달할 수 있다. 지역 혹은 국가 언어가 사용된 노래 가사는 그 지역과 국가의 정체성을 뒷받침한다. 소수 민족 고유의 언어 문자가 새겨진 직물은 그 소수 민족이 가진 정체성을 강조한다. 일상에서 사용되지 않는 고대어나 특수한 언어 또한 예술적인 소통에는 흔하게 활용되는데, 고대어 활용은 그 장르와 관련된 신비감이나 두려움을 반영할 수 있다. 이러한 장르는 여러 이유로 고대 형태로 보존되기도 한다.

장르에 사용된 언어를 알아보기 위해 다음 활동을 하라.

행사를 담은 음원이나 영상을 활용하거나, 그 작품을 잘 아는 누군가와 함께 행사를 보라. 사용된 언어가 담고 있는 모든 요소를 정리하여 목록을 만들고, 아래의 질문에 대한 답을 적으라.

- 사용된 언어 혹은 지역 방언은 무엇인가? 다른 지역 언어가 사용되었다면 무엇인가?
- 행사에 사용된 언어가 일반적으로 사용되는 언어인가, 아니면 특별한 종류의 언어인가?

전달 그리고 변화

이 매뉴얼 전반에 걸쳐 나타나는 중요한 주제는, 모든 것은 시간이 갈수록 변한다는 것이다. 사람들은 기술과 지식을 다른 사람들에게 전수하지만, 이러한 전달이 완벽하게 일어나지는 않는다. 전달은 공식적인 훈련, 비공식적인 관찰, 멘토링이나 개인적 연구를 통해 일어날 수 있다.

역사 흐름 속에서 한 장르가 어떻게 변화를 거쳤는지, 현재는 어떤 변화를 겪고 있는지 알아보기 위해 다음의 활동을 하라.
- 참가자들에게 행사에서 한 일을 배운 방식에 대해 질문하라. 그 행사에 당신이 참여할 수 있는지, 혹은 행사 과정을 관찰할 수 있는지 물어보라. 당신이 관찰하게 된다면, 사람들 간의 상호 작용은 어떠한지, 더 많은 지식을 가진 사람들이 어떻게 대우받는지, 어떤 사물들이 그 과정에 활용되는지 주목하라.
- 해당 행사가 오랜 전통의 일부라면 언제, 어떻게 사람들이 이 예술 활동을 익히게 되었는지 연장자들에게 질문하라. 그리고 여전히 같은 방법으로 배우고 있는지, 만약 그렇지 않다면 차이를 만들었던 변화가 무엇인지 물어보라.
- 한 예술 형식의 과거와 현재의 차이를 보여 주는 예시나 기록을 찾은 후 관련 지식을 가진 사람과 함께 보고 어떻게 과거와 현재가 다른지, 차이를 만드는 원인이 무엇인지 질문하라.

문화적 역동성

건강한 공동체는 연속성과 변화가 공존하며 유지된다. 예술은 장르의 안정적인 요소와 가변적인 요소 간의 상호 작용을 통해 공동체의 역동성을 견인한다. 장르의 안정적 요소는 변화하지 않는 부분으로, 시공간 속에서 규칙적으로 발생한다. 이러한 안정적 요소들은 탄탄하게 구성되어 있다. 그에 반해 쉽게 영향받는 유연한 요소들은 시간에 따라 변화하며, 예측이 어렵고, 느슨하게 구성되어 있다. 문화적 역동은 예술가들이 가장 안정적인 요소들을 강화하기 위해 가변적이고 유연한 요소들을 능숙하게 다룰 때 발생한다.

 한 장르가 얼마나 역동적이고 어떻게 그 활기가 생성되는지 파악하기 위해 행사 참여자에게 다음과 같이 질문하라.
- 안정적인 예술적 요소들을 확인하기 위해: 어떤 예술 형식 혹은 예술 형식의 어떤 측면이 탄탄한 구성으로 변동성이 가장 적으며 규칙적으로 나타나는가?
- 영향을 받기 쉬운 예술적 요소들을 확인하기 위해: 어떤 예술 형식 혹은 예술 형식의 어떤 측면이 예측하기 어렵고 더 느슨하게 구성되었는가?
- 안정적인 요소와 영향받기 쉬운 요소가 어떻게 상호 작용하는지 알아보라.

정체성과 권력

공동체는 사회적 신분이나 권위를 인정하거나 반대하는 데 예술 공연을 사용할 수 있다. 때로는 특정 예술 형식을 통해 신분이 낮은 사람들이 자신의 문제에 대해 공개적으로 소통할 수도 있다. 하지만 사람들이 권력 관계를 바라보는 시각을 잘못 이해하면 불필요한 논란으로 이어질 수 있다.

정체성과 권력이 행사에 어떻게 반영되어 나타나는지 알아보기 위해 다음과 같은 활동을 하라.
- 노래 가사나 이야기와 같이 행사와 연관된 글을 모두 기록하고, 개인이나 기관 혹은 다른 단체를 긍정하거나 반대하는 명시적인 메시지가 있는지 주목하라. 당신을 도울 수 있는 친구에게 또 다른 숨겨진 메시지가 있는지 조심스럽게 묻고 논의하라.
- 행사를 잘 관찰해 보라. 사람들이 행사 안에서 당신이 다른 곳에서 보지 못했던 특별한 방식으로 권위에 도전하는 메시지를 주고받는가? 예술적 행위는 갈등을 해결하거나 이의를 제기할 때 안전한 공간

을 제공할 수 있다.
- 행사 참가자에게 다음과 같이 질문하라: 예술적 표현을 통해 어떻게 권위를 긍정하거나 반대하는가? 누가 왜 이 예술에 참여하고 있는가? 숨겨진 메시지가 존재하는가? 한 개인이나 기관을 긍정하거나 반대하는 메시지들이 공공연하게 드러나고 있는가?

미적 기준과 평가

인간은 자신의 예술적 기준으로 다른 이들의 예술을 너무 쉽게 평가한다. 그러나 우리 자신과 다른 사람들이 이런 우를 범하지 않도록 해야 하며, 당신과 함께 일하는 공동체 사람들이 일반적으로 어떻게 평가하고 교정하는지 파악할 수 있어야 한다.

공동체의 미적 기준과 평가 방식을 파악하기 위해 다음과 같은 활동을 하라.
- 문제가 생겼을 때 나이 차이나 신분 고하에 따라 상대방을 바로잡는 방식이 어떻게 다른지 친구에게 물어보라. 어떤 맥락에서는 직접적인 교정이 낫다고 여기지만, 어떤 경우에는 간접적인 교정을 요구할 것이다.
- 위의 질문했던 친구에게, 대답 중 언급한 사람들이 어떻게 스스로 평가하고 수정하는지 물어보라.

다음의 활동을 통해 예술 작품 평가에 대해 더 배우라.
- 예술 양식을 좋거나 나쁘게 만드는 요소가 무엇인지 사람들에게 물어보라.
- 그 예술 형식을 가르치는 전문가를 관찰하라. 전문가가 준 조언과 교정해 준 실수가 무엇인지 적으라. 조언과 실수에 귀를 기울이면 이상적인 양식이 무엇인지 파악할 수 있다.
- 눈에 띄는 장소에 전시되었거나 사람들이 높이 평가하는 작품들에 주목하라. 또한 창작하는 데 특별한 전문 지식이나 긴 시간이 필요한 작품을 주의 깊게 관찰하라. 눈에 잘 띄거나 높이 평가되는 특별한 창작품은 이상적인 특징을 가진다고 볼 수 있다. 사람들에게 기쁨을 주거나 그들을 즐겁게 만드는 요소가 무엇인지 물어보라.

시간

사람들은 종종 행사 중에 특별한 방식으로 시간을 이해하고 경험한다. 행사 참가자들은 평소보다 빨리 혹은 느리게 또는 예측할 수 없는 복잡한 방식으로 시간이 흐른다고 느낄 수 있다. 이뿐만 아니라 공연의 구조, 흐름, 시기는 더 광범위한 문화 내 시간과 관련된 흐름과 맞닿아 있다. 즉 여러 공동체의 특정 행사들이 농사 주기, 종교 절기, 혹은 달력 주기상의 특별한 시점에만 발생한다.

행사 시간에 대해 알아보기 위해 다음의 활동을 하라.
- 행사 직후에 참가자들에게 다음과 같이 질문하라: 어느 시점에 무엇을 해야 하는지 어떻게 알았는가? 시간의 흐름을 어떻게 경험했는가? 행사 속 일들이 순차적으로 느껴졌는가, 반복적으로 느껴졌는가, 혹은 해변의 파도처럼 왔다가 사라지듯 느껴졌는가? 성스러움을 느꼈는가? 그 밖에 이런 식으로 시간을 경험한 것은 언제인가?
- 공연 중 시간 흐름을 해당 장르의 전문가에게 물어보라. 그 설명이 달력 주기와 명확하게 연결되는가?

감정

감정을 표현하고 일깨우는 능력은 예술적 소통의 가장 잘 알려진 특징이다. 예술 장르들은 소리, 시각, 움직임, 향, 맛 등의 감각과 감정적으로 강력하게 각인된 기억을 직접 연결하는 방식을 가지고 있다. 또한 애통이나 슬픔의 울부짖음 등 격한 감정을 발산하는 데 있어 사회적으로 수용 가능한 장이 되기도 한다.

 감정을 파악하기 위해 다음과 같은 활동을 하라.
- 행사 영상을 시청하면서 참가자와 청중이 어떤 감정을 표현하는지 적으라. 그리고 행사장에 있던 사람들에게 당신이 관찰한 내용에 동의하는지 물어보라.
- 예술 행사에 참여했던 사람들과 함께 행사 영상을 시청하라. 이때 시청하는 사람들을 주목하라. 그리고 영상을 보는 사람들이 기쁨, 놀람, 슬픔, 분노, 모멸 등의 감정을 드러낸다면, 영상을 멈추고 그들이 무엇에 반응했는지 직접 물어보라. 그들이 감정을 묘사하며 사용한 단어와 그 감정을 불러일으킨 공연 장면 목록을 정리하라.

주제

노래, 속담, 연극, 직물 공예, 그 외 다른 예술이 언어로 된 내용을 갖고 있으며, 그 내용은 예술 활동에 참여했던 개인이나 공동체의 생각, 경험, 역사에서 비롯된다. 예술적 소통은 평소 거의 접근하기 어려운 정보를 표출하기도 한다. 예술가들이 일반적으로 표현되지 않는 주제와 관련된 다양한 생각을 전달할 수 있기 때문이다.

그 밖에도 예술적 소통은 기억하기 쉬운 형식으로 공동체의 가치들을 드러낸다. 속담은 외우기 쉽게 가치를 드러내는 중요한 예다. 그러나 문자 내용에 담긴 의미가 대체로 은유적이거나 수수께끼 같아서 처음에 이해한 것이 전부가 아닐 수 있다.

 주제에 대해 알아보기 위해 다음의 활동을 하라.
- 노래, 속담, 이야기와 같이 언어로 된 행사 장르들을 정리하라. 전문가들에게 각 장르가 가진 메시지가 무엇인지 설명을 부탁하라.
  - 각 장르는 무엇에 관한 것인가?
  - 공연하는 이들이 소통하려는 내용은 무엇인가?
  - 교훈이 담겨 있는가?
  - 만약 그렇다면 교훈의 대상은 누구인가?

- 참여자 그룹과 함께 행사 영상을 보거나 기록을 읽으면서 언급되는 사람, 사물, 장소, 사건 또는 영적인 존재에 대한 목록을 정리하라. 각각에 대한 설명을 요청하고 그에 대한 답변을 기록하라.

공동체 가치

예술적 소통은 공동체의 권위에 도전하는 자리를 제공하기도 한다. 그러나 예술가들이 소통을 위한 작품을 구성하고 공연하는 방식은 공동체적 가치와 사회 구조의 여러 중요한 측면을 보여줄 수 있다. 폭넓은 공동체 가치에 대한 통찰력을 얻기 위해 참여자들의 사회적 구성과 물리적 배치를 숙고해 보라.

예술 행사와 다양한 공동체적 가치의 관계를 탐구하기 위해 아래의 활동을 하라.

행사를 관찰한 뒤 다음과 같은 질문을 하라.

– 행사 속에서 참여자들이 권위를 가진 대표자들과 어떻게 상호 작용하는가?

– 행사 안 상호 작용은 행사 밖의 상황에서 일어나는 상호 작용과 무엇이 다른가?

– 참여자들의 물리적 자리 배치는 어떠한가? 교향악단 연주자들의 첫 번째, 두 번째, 세 번째 좌석과 같은 계층적 구조를 보이는가, 아니면 동등한 위치에 배치되었는가?

위와 같은 질문에 대한 답은 공동체 곳곳에 드러난 위계적이거나 혹은 평등한 사회적 구조의 가치를 반영할 수 있다.

– 참가자들이 자신을 개별적으로 표현하도록 장려하는 방식이 있다면 무엇인가? 자유롭거나 혹은 엄격한 분위기의 징후는 무엇인가?

이 문제들의 대답은 공동체 곳곳에 드러난 순응이나 불순응의 가치를 반영할 수 있다.

공동 투자

다양한 예술 활동에 대한 공동체 구성원들의 투자 방법과 규모는 매우 다양하다. 할아버지가 손녀에게 잠언을 이야기해주고자 할 때 다른 준비나 돈은 필요하지 않다. 단지 몇 초의 시간이 걸릴 뿐이다. 반면에, 카메룬 서부 왕의 장례식은 약 한 달간 지속된다. 수백 명의 사람들이 참여할 것이며, 음식, 교통, 선물비를 지급하기 위해 특별 재정이 요구되기도 한다.

 공동체의 투자 규모를 파악하기 위해 행사를 관찰한 후 다음과 같은 정보를 묻고 기록하라.

– 공연 전체의 총 소요 시간

– 일정의 중요성: 중요도 높은 시간대, 낮은 시간대

– 준비량

– 공연 비용

– 공연 장소: 인지도가 높은 지역, 낮은 지역

– 공연 공간: 공간 상태, 크기, 비용, 접근성

– 참여자: 숫자, 지위, 영향력, 기술 혹은 전문성 수준

– 공연의 복잡성: 필요한 역할과 관련 기능의 수

교회 예술 탐구하기

지역 공동체 안에 교회가 존재할 경우, 우리는 교회 울타리 안팎으로 하나님 나라가 확장되기를 원한다. 따라서 특별히 교회 공동체에 적용할 수 있는 수단을 개발했다. 교회는 최소한 두 가지 이유에서 특별한 공동체이다. 첫째, 교회는 그리스도의 몸이다(골 1:24 참조). 그래서 우리는 교회 공동체 사람들의 삶에 깊은 관심을 가진다. 둘째, 교회는 특정 장소에 존재하지만, 다른 장소의 사람들과도 연결된다. 지역 여러 교단의 교회들이나 외국인 선교 단체, 가톨릭이나 정교회 등이 넓은 의미에서 공동체에 포함될 수 있다. 따라서 교회가 하나님을 좀

더 온전하게 섬기도록 돕기 위해, 그들의 배경과 상관없이 그들이 가진 고유의 다양한 예술을 살펴볼 수 있도록 도울 필요가 있다.

교회를 잘 섬기도록 당신에게 두 가지 활동을 제안한다. 첫 번째는 '교회 안에서 사용되는 예술 확인 및 평가'이며 이는 세 가지 하위 활동으로 구성된다. 두 번째는 '구약 성경의 악기 비교'로, 동일한 악기들이 어떻게 여러 다른 목적을 위해 활용될 수 있는지를 보여 준다.

교회 안에서 사용되는 예술을 확인하고 평가한다

1. 교회 예술을 발견하라

교회의 예술 활동을 확인하기 위한 방법은 '지역 예술 전체 관찰'(<단계 1> 참조)에서 폭넓은 공동체를 기술한 것과 유사하다. 관찰한 내용은 무엇이든 공동체 예술 분석표에 정리하라. 교회의 여러 영역에서 활약하는 리더들과 참여자들을 모아 아래와 같은 활동을 하도록 하라.

이 교회에 속한 사람들의 활동 상황을 모두 정리하라

성경 공부, 가정 모임, 주일 학교, 성인 교육, 공동 예배, 영적 멘토링, 미사, 여름 성경 학교, 어린이 사역, 식료품 나눔, 병문안, 세례나 결혼 및 장례와 같은 의식, 치유 사역, 국경일/명절 행사, 사교 모임, 수련회와 캠프, 봉사 활동, 축제, 음악회, 철야 기도, 개인 혹은 가족 예배 등이 활동 상황에 포함되며 그 외에도 다양하다. 아래의 표를 사용하여 정리를 시작하라.

교회 행사와 활동	사용하는 예술 장르가 있다면?

각각의 상황에서 사용된 예술 형식들을 정리하라

나열된 각 교회 활동 상황에서 사람들의 예술 형식 사용 여부를 적으라. 만약 예술 형식을 사용하고 있다면 그 형식이 무엇인지 구체적으로 기록하라. 교회 공동체에서 흔히 사용하는 예술 종류에는 노래, 설교, 드라마, 이야기, 조각, 공간 디자인, 향, 춤, 배너 제작, 그림, 책 읽기, 시 낭송 등이 포함된다. 또한 기독교 공동체에서 의례는 일반적이다. 모든 의례는 드라마 형식이나 화려한 행사처럼 본래 예술적 행사일 수도 있고, 예술적인 요소를 포함할 수도 있다. 앞의 표를 사용하여 시작하라.

예술적 재능을 가진 사람들이 누구인지 그리고 교회에서 그들의 재능이 발휘되고 있는지 정리하라

기독교 공동체에서 예술 훈련을 받았거나 재능을 가진 사람들이 각각 어떤 종류의 예술적 능력과 기술을 가지고 있는지 정리하라(예: 작곡, 연주, 그림). 교회 지도자들이 구성원들의 다양한 재능에 대해 무지할 수 있다. 이런 경우, 교회 지도자들이 간단한 설문이나 구술 조사를 통해 더 꼼꼼하게 조사할 수 있도록 돕는 것이 필요하다. 아래의 표를 사용하여 시작하라.

예술 훈련을 받았거나 재능을 가진 사람들	관련 예술 장르(들)

2. 교회 공동체와 주변 공동체의 예술 활용 여부를 비교하라

이 과정은 지리적인 상황을 감안하여 교회가 어떻게 지역 사람들과 깊이 관계를 맺을지 결정하는 데 도움이 될 것이다. 특별히 <단계 2>의 '교회 생활'과 '개인 영성 생활'을 보라. 이 비교 과정은 교회 안에서 사용 가능한 다른 여러 예술 장르를 비판적으로 평가하는 폭넓은 과정의 일부이다. 아래 표를 사용하여 시작하라.

- 당신이 작성한 '교회 공동체에서 사용하는 예술 종류 목록'을 확인하라.
- <단계 1>에서 당신이 정리한 '교회 주변 공동체가 사용했던 예술 장르 목록'을 확인하라.
- 교회 공동체와 주변 공동체에 공통적으로 존재하는 예술 장르를 표시하라.
- 양쪽 모두에 존재하는 장르의 내용과 목적이 각 상황에 따라 어떻게 다른지 토론하고 기록하라.
- 교회에서 사용하지 않는 주변 공동체만의 예술 장르를 모두 정리하라. 이러한 장르들이 교회에서 사용되지 않았던 이유와 사용 가능성에 대해 토론하라.

교회 안에서 사용된 예술 장르들	교회 밖에서 사용된 여부(네/아니오)

3. 교회 공동체의 예술이 최근 그 목적을 얼마나 성취했는지 평가하라

<단계 2>에서 우리는 기독교 공동체가 하나님 나라를 확장하기 위해 예술을 활용해야 하는 몇 가지 이유로 공동 예배에 깊이를 더하거나, 영성을 고양하거나, 하나님을 증거하도록 돕는 일 등을 강조했다. 성경에서 사람들이 예술을 어떻게 사용하는지를 살펴보면 더 많은 목록을 확인할 수 있다. 승리를 축하(출 15장), 행진(삼하 6장), 경배(대하 5장), 문화 축제(대하 35:15), 회개(시 51편), 춤(대상 15장), 장례(마 9:23), 교회 든든히 세움(고전 14:26), 행복의 표현(약 5:13), 슬픔의 표현(시 6편), 영적 전쟁(대하 20:21-23), 치유(삼상 16장) 등이다. 기억해야 할 점은, 성경에서 나타난 예술 활용의 예가 모두 긍정적이지는 않다는 사실이다. 아론이 금송아지를 우상으로 만들었으나(출 32장), 우리는 그를 모방하지 않도록 반면교사 삼아야 한다.

게다가 성경은 고백, 증인, 기도, 훈계, 감사, 제자도, 애도, 복음 전도, 격려, 권고, 심리적 안정, 화해, 용서, 교화, 기념, 연대감 형성, 상황적 수평 관계 형성, 간증 등 교회가 가져야 할 목적이 더욱 폭넓다는 점을 시사한다. 예술의 여러 사용 가능성을 포괄하는 완벽한 목록을 만들 수는 없지만, 각 교회가 예술을 지향해야 하는 이유를 반드시 찾아야 할 필요가 있다. 이는 교회가 사용한 예술 장르가 그 목표를 달성하는 데 얼마나 도움이 되는지 평가할 수 있기 때문이다. 또한 이 과정은 공동체가 적용해야 할 성경적인 목적을 드러낼 수도 있다. 이를 위해 다음의 단계들이 도움이 될 것이다(다음 페이지의 표를 사용하여 시작하라).

- 사람들이 교회 공동체에서 활동하는 모든 상황을 확인하라.
- 예술적인 소통이 일어나는 상황을 하나 택하여 그 목적을 정리하라. 다양한 목적의 예는 위의 단락을 참고하라.
- 각 상황에서 사용된 예술 형식이 그 목적을 뒷받침하는지 혹은 방해하는지 표로 정리하라. 이에 대해 토의하고, 교회가 만들 수 있는 변화를 제안하라.
- 새롭게 발견한 예술 활동을 <단계 5: 창작 활동을 통해 창조성을 자극한다>에서 사용하라.
- 교회의 다른 행사나 활동에도 적용해 보라.
- 교회에서 예술이 사용된 행사의 한 예: _____

행사의 목적	행사에서 사용된 예술

> 행사에서 사용된 예술이 행사의 목적을 뒷받침하는가 아니면 방해하는가?

구약 성경에 나오는 악기 비교

교회는 특정 예술 도구(예: 악기)나 특정 장르에 부정적인 이미지를 덧씌우기도 한다. 다음 페이지의 표는 예술 도구 자체에 도덕적 가치가 내재해 있지 않다는 것을 보여 준다. 대신 하나님이 그 도구의 사용을 기뻐하실지 여부를 결정하는 것은 도구를 사용하는 인간의 마음에 달려 있다. 아래 순서에 따라 표의 빈칸을 채우면서, 교회 공동체가 이 진실을 발견할 수 있도록 도우라.

1. 표의 제일 위에 성경 구절과 판본을 적으라.
2. 누군가에게 각 구절을 소리 내어 읽도록 요청하라. 그다음 공동체 그룹에게 본문 내 언급된 악기가 무엇인지 확인하고 성경 구절 아래에 해당하는 악기 이름을 적도록 하라.
3. 표에서 두 번 이상 언급되는 악기들에 동그라미로 표시하도록 요청하라.
4. 각 행사의 목적을 설명하도록 요청하고, 각 구절 아래에 그 목적을 적으라.
5. 악기와 그 목적 간의 연관성을 찾을 수 있는지 질문하라.
6. 이 과정에서 어떤 원리를 끌어낼 수 있는지 묻고, 교회 안에서 예술을 활용하는 데 이 원리를 어떻게 적용할 수 있을지 논의하라.

다니엘 3:5 왕의 궁정 (잘못된 예배)	이사야 5:12 술 파티 (세속적)	시편 150 하나님을 찬양 (진실된 예배)	사무엘하 6:5 역대상 15:16-29 종교 행렬
피리(end-blown flute)		퉁소(end-blown flute)	
나팔(animal horn trumpet)		나팔(shofar trumpet)	나팔(shofar trumpet, silver trumpets)
생황(reed pipe)	피리(reed pipe)		
수금(lyre)	수금(lyre)	수금(lyre)	수금(lyre)
양현금(larger lyre)	비파(larger lyre)	비파(larger lyre)	비파(larger lyre)
삼현금(bow harp)		현악기와 목관악기	
모든 종류의 악기			
	소고(frame drum)	소고(frame drum)	소고(frame drum)
		높은 소리 나는 제금(cymbals)	제금(cymbals)
		큰 소리 나는 제금(loud cymbals)	
			잣나무로 만든 여러 악기(rattle)

단계 5

창작 활동을 통해 창조성을 자극한다

창조성 자극 활동(sparking activity)은 새로운 예술을 창조하기 위한 모든 활동을 말한다. 창작 활동은 어디서 진행되느냐에 따라 작은 규모에서부터 큰 규모에 이르기까지 다양한 노력이나 투자를 요구한다. 예를 들어, 누군가 한 친구에게 오후 회의 시간 담화 내용을 그림으로 표현해 보도록 제안했다고 하자. 그녀의 단순한 제안은 새로운 그림을 창작하도록 자극한 것이다. 이 제안은 아주 적은 노력이 필요하다. 하지만 축제를 계획하는 것은 이보다 복잡한 창작 활동으로, 많은 예술가와 정부 기관들이 활동에 참여할 수 있다는 점에서 공동체의 많은 노력과 투자가 요구된다.

창조성 자극 활동은 즉각적인 효과로 이어질 수 있다. 또한 향후 창작 활동을 위한 토대를 제공할 수 있다. 예를 들어, 예술가들이 창조성 자극 활동을 통해 전통 악기를 만들거나 조율하고 연주하는 방법을 배운다면, 이것은 새로운 작곡의 기초를 놓는 셈이 된다. 마지막으로, 창조성 자극 활동은 '지역 예술 공동창작'의 모든 단계에 적용될 수 있고, 혹은 한 단계에 집중된 활동이 될 수도 있다. 워크숍은 하나님 나라의 목표를 확인시키기도 하고(단계 2), 한 장르의 초기 분석을 실행하거나(단계 4), 작품을 창작하고 발전시키는(단계 5) 시간으로 활용되기도 한다. 물론 어떤 활동은 창작하는 일 자체에만 집중할 수도 있다. 어떤 경우든, 공동체는 창조성 자극 활동을 공동창작 과정 전체의 맥락에서 이해해야 한다.

창조성 자극 활동을 구성하는 방법

A. 친숙한 창작 방법을 끌어낼 수 있도록 준비하라

각 공동체와 창작자는 예술을 창작하는 일련의 방식을 갖고 있다. 당신은 그들의 방식을 가능한 한 많이 활용하기 원할 것이다. 앞서 봤던 모노 공동체는 음악가에게 예수의 비유 중 하나를 기초로 한 새로운 바구루(gbaguru) 작곡을 의뢰했다. 그 음악가는 몇 가지 질문을 하고 잠시 생각에 잠긴 뒤, 자신의 쿤디(kundi)로 반복되는 패턴을 연주하기 시작했다. 그리고 나서 그는 작곡을 위해 혼자만의 시간이 필요하다고 말했다. 그와 달리 어떤 작곡가들은 두 명 이상의 그룹으로 작업을 하기도 한다. 또 어떤 이들은 필사 과정을 선호할 수도 있고, 다른 이들은 꿈이나 환상에서 영감을 얻기도 한다. 또한 자연스러운 즉흥연주를 활용하는 이들도 있고, 의뢰비를 받아 작업하는 작곡가들도 있다. 이처럼 작곡가들은 새로운 작품을 만드는 데 여러 가지 방법을 사용한다. 공동체와 함께 구성하게 될 활동은 그들에게 익숙한 방법과 새로운 방법 모두가 활용될 것이다.

 선택한 장르의 새로운 사례가 만들어지는 방법을 묘사하라. 어떻게 창작되는가?

B. 주요 창작자들에 대해 주의 깊게 생각하라

이 책에서는 화가, 방직 기술자, 드라마 작가와 같이 창작하는 사람을 지칭하기 위해 '창작자'(composer)라는 단어를 사용할 것이다. 핵심 창작자들의 예술적인 능력, 기술, 영향력을 고려할 때 그들과 함께 작업할 수밖에 없다. 최고의 작품을 창작할 개인 혹은 사람들을 찾도록 하라. 그 핵심 창작자들은 공동체에서 이 프로젝트를 확산시키는 데 도움이 될 사회적인 자격을 갖춰야 한다.

어떤 공동체에는 활동에 참여할 수 있는 자격을 갖춘 사람이 다수 존재하는 반면, 선택의 폭이 제한적인 곳도 있다. 예를 들어, 어떤 장르는 선택과 동시에 창작자와 공연자의 성별이 자동으로 결정되기도 한다. 지역 공동체 사람들은 예술 활동이 가능한 숙련된 창작자들의 명단을 작성할 수 있다.

어떤 문화권에는 노래를 만드는 창작자 역할이 분명한 공동체가 있다. 서아프리카의 경우, 특별히 이슬람 문화권에는 지역 고유의 찬양 가수인 그리오트(griot)가 존재한다. 나이지리아, 베냉, 가나의 예를 들자면, 한 무슬림 찬양 가수가 교회 공동체를 위한 노래 작곡과 녹음을 위해 성경 구절을 사용하는 데 합의하기도 했다.[13] 사역하는 지역의 음악 문화를 탐구할 때, 의뢰받아 창작하는 정형화된 역할이 이미 존재하는지 찾아보라. 그런 전문 창작자들은 현금 지불을 대가로 작업하는 데 익숙하다. '고용 창작자'(Composer-for-hire) 방식은 네팔 일부 지역과 필리핀을 포함한 몇몇 아시아 문화에서도 나타난다.

당신이 교회 공동체에서 일하고 있다면, 그리스도인이면서 경험 있는 창작자를 찾는 일이 어려울 수 있다. 일부

---

13) Klaus Wedekind, "The praise Singers," Bible Translator 26, no.2 (1975): 245-47.

예술 장르의 경우 그런 사람을 찾는 게 거의 불가능할 것이다. 이런 경우 비그리스도인 작곡가들에게 작업을 의뢰하는 것도 고려하라. 그리고 다음의 질문을 공동체에 물어보라.

- 그 창작자는 이 일에 관심을 두고 있는가?
- 그는 지역 공동체 구성원들에게 존경받는 인물인가?
- 그 창작자의 이름이 알려지는 것이 작품의 수용에 도움이 되는가, 아니면 해가 되는가?
- 이 창작자에게 작품을 의뢰하는 아이디어에 대한 지역 그리스도인들의 반응은 어떠한가?

 어떤 종류의 창작자와 함께 작업하기를 원하는지, 그들에게 어느 정도의 시간 여유가 있는지, 그 역할을 할 수 있는 특정 인물은 누구인지 그리고 그들과 긍정적으로 상호 작용할 수 있는 방법은 무엇인지 논의하라.

C. 극대화해야 할 기회와 극복해야 하는 장애를 확인하라

공동체 내에서 한 장르의 창작과 관련된 기회와 장벽을 확인하라. 몇 가지 흔한 예를 제시하면 다음과 같다.

기회
- 새로운 상황에서 자신의 은사를 사용할 열망이 있는 재능 있는 예술가들
- 지역 예술 형식들을 홍보하는 데 관심 있는 정부
- 사라지는 문화에 관한 위기의식을 가지고 지역 예술의 가치를 더 인식하는 공동체 구성원들
- 공동체 내 지역 예술과 관련된 존경받는 장인이나 혁신을 이끌 수 있는 사람

장벽
- 지역 언어와 예술 형식을 사용하는 데 대한 부정적인 태도
- 어떤 장르와 관련된 기술이나 지식의 결여
- 공동체 내에 존재하는 변화에 대한 거부감
- 도시화나 세계화로 인한 지역 예술 형식에 관한 관심 약화

 공동체 구성원들과 위 예시에 대해 토의한 후 다음과 같이 질문하라.
- 선택한 예술 장르에서 새로운 창작이 풍성해지도록 자극할 방법은 무엇인가?
- 창조성 자극을 위한 활동을 기획할 때 주어진 기회들을 어떻게 이용할 것인가?
- 이러한 발전을 지속하지 못하게 하는 것은 무엇인가?
- 창조성 자극 활동을 기획할 때 장벽들을 극복할 방안은 무엇인가?

D. 활동을 구성하라

창조성을 자극할 수 있는 활동의 유형은 다양하다. 다음은 필요에 따라 선택할 수 있는 몇 가지 활동이다.

작품 의뢰

합의된 목적에 따라 예술 장르의 새로운 사례를 만들기 위해 예술가 그룹이나 개인에게 문의하라. 작품 의뢰는 공통적으로 아래와 같은 단계들을 거친다.

1. 공동체와 함께 작품을 창작할 행사를 정하라
- 작품 창작의 목적(예: 문맹 퇴치, 교회 예배, 지역 사회 개발)
- 창작 장르[예: 하이쿠(Haiku), 올론코(Olonkho), 브로드웨이 뮤지컬]
- 내용
- 창작자(들)

2. 그 후
- 평가와 수정을 포함한 창작 과정에 창작자들과 함께 작업하라.
- 공개 시연을 위해 행사 주최자들과 공동체의 나머지 구성원들을 준비시키라.
- 기록, 녹음, 녹화를 비롯한 다양한 유통 수단을 파악하라.
- 이 창작 작업이나 이와 유사한 일들이 공동체 일상의 다른 영역에도 스며들 방법을 파악하라.

예술가와 장르, 행사를 위한 적절한 보상이 어떤 것인지 알아보라. 보상은 재정, 봉사, 상품, 사회 자본, 혹은 선의에서 비롯된 우정 등의 형태가 될 수 있다. 참여한 예술가에게 신뢰와 존경을 표현할 방법을 개발하라.

작품이 만들어지는 동안 의뢰자의 역할에 대해 생각해 보라. 무엇이 좋은 것이고 무엇을 변경해야 하는지 결정하는 사람은 누구인가? 혁신을 이루기 위해 예술가에게 어느 정도의 자유가 주어져야 하는가? 가능하면 창작 과정이 시작되기 전에 의뢰자와 예술가가 그들의 역할에 동의해야 한다.

당신도 역시 새로운 작품 창작에 참여하겠지만, 늘 공동체와의 관계 속에서 작업을 해 나가야 한다.

워크숍

워크숍은 대개 한 주 혹은 두 주 정도의 짧은 행사로, 사람들이 모여 특별한 작업을 함께 진행한다. 참여자가 서로 집중하여 상호 작용할 때 많은 성취와 성과를 이룰 수 있다.

워크숍의 실행 계획을 관리할 조직이 있다면 도움이 될 것이다. 워크숍의 목표를 세우는 것 또한 중요하다. 예를 들어, 교회 예배 음악 작곡이나 라디오 및 기타 미디어를 통해 유통될 창작극 제작이 목표가 될 수 있다. 워크숍 전반에 대한 예제를 보려면 CLAT 워크북[14]의 <단계 4D>를 참고하라. 그리고 민족예배학 핸드북[15]의 DVD 내용 중 사우어만 부부(Todd and Mary Beth Saurman)가 제작한 '예술 워크숍 과정을 위한 아이디어'를 참고하라.

공개 시연 행사(Showcase events)

지역 예술 장르를 통한 창조성을 강조하는 축제나 경연 대회를 지역 공동체가 기획하거나 운영하도록 도울 기회가 있을 것이다. 축제는 공동체의 문화 정체성과 창의적 결과물을 공개적으로 시연하기 위한 행사이다. 이미 여러 기념행사를 진행해 왔던 종족 공동체 혹은 종교 집단의 경우, 기독교인이 만든 새로운 예술 작품을 받아들

---

14) Creating Local Arts Together: A Manual to Help Communities Reach Their Kingdom Goals (William Carey Library, 2013).
15) Worship and Mission for the Global Church: An Ethnodoxology Handbook (William Carey Library, 2013).

이는 데 열려 있을 것이다. 따라서 새로운 축제를 시작하는 것 역시 가능할 것이다. 새로운 전통은 그리스도인들이 하나님께서 주신 예술적 재능을 기뻐하고 즐거워함으로써 더욱 촉진될 수 있다. 그리고 좋은 작품에 적절한 포상을 할 때 열정과 흥미가 솟아난다. 축제는 다양한 기독교 종파, 문화, 종교, 공동체 내 다른 그룹 등이 서로 협력할 좋은 기회를 제공한다.

공개 시연 행사는 일반적으로 다섯 단계를 가진다.

1. **상상 및 계획**: 시작부터 끝까지 어떻게 진행할 것인가? 행사가 클수록 더 많은 계획이 요구된다. 세세한 일정과 목표를 만드는 데 탁월한 공동체가 있고, 유기적인 사회 역학을 통해 멋진 기념 축제를 함께 만들어 가는 데 일가견이 있는 곳도 있다. 따라서 공동체에 아이디어를 제공할 뿐, 구체적인 방법을 강요하지 말아야 한다.
2. **홍보와 관계망 형성**: 어떻게 핵심 예술가와 일반 대중의 참여를 이끌어 낼 수 있을 것인가? 예술가들에게 동기를 부여하기 위해 축제에 경연이나 포상을 포함시키기도 하는 데, 예술 작품을 어떻게 평가하고 어떤 작품에 상을 수여할지 기준을 명확하게 정해야 한다.
3. **공연 준비와 제작**: 예술가들에게 연습 및 창작이 가능한 시간과 자원이 주어져 있는가?
4. **행사 진행**: 행사가 진행되는 동안 공통의 목적의식, 유연함, 즐거움을 느낄 수 있는 분위기를 만들어 보라. 또한 행사를 만들어 가는 데 되도록 많은 사람이 역할을 가지도록 하라.
5. **평가와 계획**: 행사가 끝난 뒤 핵심 관계자들과 함께 행사 진행 과정을 신중하게 평가하는 시간을 가지라. 그 행사가 '지역 예술 공동창작'의 7단계에 어떻게 부합하는지 살펴보라. 이후 유사한 행사가 열릴 가능성에 대해 논의하라.

멘토링

때로는 당신의 나이, 교육 수준, 사회적 지위 때문에 예술가 그룹이나 개인에게 이익이 될 장기적인 관계를 맺을 수 있다. 이런 관계는 보통 개인적 친밀감과 공동 목적을 바탕으로 오랜 시간에 걸쳐 발전된다. 멘토들은 멘티의 전문성, 영성, 인격 성장 등에 영향을 미칠 수 있다. 멘토링 관계는 새로운 기회의 문을 열기도 하고, 각 개인의 삶에 유익이 될 만한 이야기를 나누도록 한다. 또한 멘토십은 상호 배움의 기회이기도 하다. 만약 이 관계가 문화를 뛰어넘는다면, 멘티 역시 멘토에게 예술적 기술과 문화적 통찰을 알려 줄 수 있다. 시간이 지남에 따라 멘토와 멘티의 밀도 있는 관계는 깊고 만족스러운 수준으로 성장하기도 한다.

체계적인 도제 제도

도제 제도는 이미 존재하는 문화 양식의 지속을 체계화한다. 예술 전문가는 도제 제도를 통해 기술과 지식을 공동체의 다른 구성원에게 전달할 수 있다. 체계화된 도제 제도는 특정 장르의 전문가가 존재할 때, 그 장르 역량을 전수하기 어려운 상황일 때, 혹은 공동체 구성원들이 그 장르에 대한 가치를 인정할 때 의미가 있다. 공동체는 이러한 프로그램을 다음과 같은 방식으로 도입할 수 있다.

1. 가르칠 예술 장르를 선택하라.
2. 그 장르의 전문가를 선택하라.
3. 수습생을 선발하라.
4. 다음과 같은 훈련 환경을 구상하라.
    a. 친숙한 교육 방식

b. 전문가와 수습생 모두가 참여할 수 있는 장소, 시간, 빈도수

c. 해당 장르의 중요한 지식, 기술, 자세를 포함하는 내용

d. 수습생이 기술을 유지할 수 있는 수준에 도달하기에 충분한 지속성

5. 프로그램을 시행하라

6. 프로그램이 진행되는 동안 참가자들이 어떻게 기술을 지속적으로 발전시키고 다양한 맥락에서 실행할 수 있는지 탐구하라.

출판

아이디어나 예술 활동 결과를 매체로 기록한다면 대부분의 활동이 좀 더 장기적으로 지속될 수 있다. 모든 종류의 문서와 음원 및 영상 기록, 전자 정보는 아이디어와 예술성이 순간을 뛰어넘어 존재하도록 하고, 출판물은 장소를 넘어 정보를 전달한다. 정기 간행물과 웹사이트는 정보를 유포할 수 있게 하고 다양한 주제의 토론에 영향을 준다. 음원과 영상물은 훈련 프로그램이나 오락거리를 제공한다. 출판물은 사람들의 기억에서 사라져 가는 역사와 전기(biography)의 저장소가 될 수 있다. 출판 계획의 일반적인 과정은 다음과 같다.

- 대상 독자를 결정한다.
- 편집자와 고문, 기고자를 찾는다.
- 출판할 자료를 요청, 선택, 준비한다.
- 출판물의 유통 계획을 정한다.
- 출판 진행 일정을 결정한다.
- 출판과 유통을 실행한다.

이전 출판물의 효과를 확인하고 보완에 도움이 될 만한 피드백 방법(인터넷 댓글, 편지, 설문 조사 등)을 개발하여 활용하라.

창작자 동호회

예술가들은 협회나 동호회, 단체 등을 조직하여 서로 격려하고 작품을 평가하기도 한다. 또한 재료와 아이디어를 공유하거나 함께 작업하기도 한다. 예술가 동호회는 특정 장소와 시간에 정기적으로 만나 특정 예술 형식과 목적에 집중하는 경우가 많다. 그들은 표현의 정도는 다르지만, 서로에게 기대하는 마음이 있다.

모든 그룹은 서로 다른 특징을 갖지만, 모임을 시작하고 진행할 때 기본적으로 다음과 같은 내용을 고려해야 한다.

- 구성원들이 모여 예술 활동을 할 수 있는 모임 장소와 시간을 선택하라.
- 구성원들의 기대와 그룹 목적을 논의하라. 그 목적은 그룹이 희망하는 바에 따라 매우 유동적이고 비공식적이거나 엄격하고 명시적인 것에 이르기까지 다양할 수 있다.
- 만약 그룹이 교회의 일부이거나 교회 공동체를 위해 창작하고자 한다면, 예술 활동과 영적 훈련을 통합해야 한다. 예술가들은, 무에서 유를 창조하는 부분을 제외하고는, 창작 활동을 하는 데 있어 신과 같이 행동한다. 하지만 때때로 자신의 예술적 힘을 건강하지 못한 목적으로 사용하기도 한다. 기도, 성경 연구, 책무(accountability), 기타 훈련들이 모든 예술가의 창작 방향과 작업 과정에 영적 안전망을 제공한다.

> '지역 예술 공동창작' 과정에 가장 적합한 활동 유형을 선택하고 이를 논의하라.

> 당신이 사용할 활동에 관해 기술하라.

<자료 12>는 공동체가 선택한 창조성 자극 활동의 각 요소를 설명하는 안내 지침이다.

창조성 자극 활동을 설계할 때 기록해야 할 사항

제목과 요약: 예술 활동의 간단한 개요와 주요 목적. 작품 의뢰, 워크숍, 공개 시연 행사, 멘토링, 도제 제도, 출판, 창작 동호회 등 모든 활동 유형을 포함한다. 개요는 한 단락을 넘지 않아야 한다.

참여자: 예술 활동이 성사되고 지속되는 데 필요한 다양한 역할의 사람들. 창작자와 여러 부류의 결정권자들을 포함한다. 실제로 참여할 수 있는 사람들을 파악하라.

공동체 예술 분석표에 필요한 내용: 지속 가능한 창작 활동을 위해 예술 장르나 공동체에 대해 알아야 할 정보. 공동체 예술 분석표에 이미 기술된 정보인지, 아니면 추가 조사가 필요한 정보인지 파악하라. 이 가운데 대부분은 아직 실행하지 않은 <단계 4>의 조사 활동이 될 것이다.

필요한 자원들: 활동을 하기 위한 재정, 기술, 물류 및 공식적인 자원과 그 외의 여러 요구 사항.

업무: 활동하는 데 필요한 작업들. 당신의 상황과 선호도에 따라 더 상세하거나 광범위하게 만들 수 있다.

전반적인 분석: 세 가지 목록을 만들라.
- 선택한 창조성 자극 활동 안에 포함된 '지역 예술 공동창작' 단계들
- 누군가 이미 수행한 행사 분석과 같이 외부에서 했던 '지역 예술 공동창작' 단계들
- 누락된 단계를 다루기 위한 향후 계획

<자료 12> 창조성 자극 활동을 설계할 때 기록해야 할 사항

단계 6

창작 활동을 개선한다

> "해로운 말을 입 밖에 내지 말고, 오직 다른 사람의 필요와 공동체의 덕을 세우는 데 도움이 되고 듣는 자에게 유익한 말만 하십시오"(엡 4:29, 역자 번역)

공동체 구성원들이 동의한 기준에 따라 새롭게 창작된 작품들을 평가하라. 평가 기준이 파괴적이지 않고 건설적이어야 한다. 평가의 목적은 비방하는 데 있지 않고 세워 주는 데 있기 때문이다. 또한 공동체는 공동창작 과정의 시작 단계부터 적합한 사람들을 포함함으로써 부정적 평가를 줄일 수 있다는 점에 주목하라. 평가 과정에 참여하는 사람들은 사회 및 종교 지도자들과 전문 창작자들과 전문 공연자들이다.

예술의 좋고 나쁨을 어떻게 판단할 것인가? 평가 과정은 복잡하다. 그러나 도움이 될 만한 평가 수단은 다양하게 존재한다.

현지 체계를 신뢰하라

지역 공동체 구성원들은 보통 어떤 예술 작품이 좋고 나쁜지에 대한 감각을 공유할 뿐 아니라 수정이 필요한 부분에 관해 소통하는 법을 알고 있다. 공동체의 일반적인 작품 수정 방법을 파악하기 위해 〈단계 4〉의 '미적 기준과 평가'를 조사하라. 어떤 경우에는 공동체 구성원들이 질 낮은 작품이 소개되지 않도록 하여 점차 사라지게 만든다.

효과에 따라 평가하라

<단계 3>에서 당신은 새로운 예술 작품의 기대 효과를 확인했다. 새로운 작품들은 공동체 구성원들이 하나님 나라의 목적을 지향하도록 영향을 주어야 한다. 원하는 효과를 가져오는지 평가하기 위해 새로운 작품에 대한 사람들의 반응을 듣고 관찰하라. 당신이 기대했던 효과가 나타났는가? 예를 들어, 연설가는 민족 정체성을 기념하는 행진에 사람들이 동참하도록 할 수 있다. 그러나 만약 연설가의 산만함을 보고 참여자들이 발길을 돌린다면 그 연설은 실패한 것이다.

긴장을 풀고 배우기를 계속하라

당신은 모든 것을 한 번에 배울 수 없다. 따라서 다음 내용을 우선적으로 실행하라.
- 사람들의 반응을 지켜보라.
- 그들이 말하는 것에 귀 기울이라.
- 작업하는 장르와 관련해서 정기적으로 연구하라(예를 들어 <단계 4>를 보라). 한 주 혹은 한 달에 한 가지 연구 활동을 할 수있을 것이다.
- 어떤 종류의 평가가 언제 필요한지 파악하라.

언제, 어떤 방식으로 평가해야 하는지 확인하라

평가는 첫 작품이 창작되는 동안 진행할 수 있고, 창작이 마무리된 뒤에도 이뤄질 수 있다.

아래 <자료 13>에 설명된 활동을 수행하라(어떤 사람들은 이것을 '비판적 상황화'라고 부른다). '지역 예술 공동창작' 과정의 여러 지점을 평가할 수도 있다.

효과적인 평가를 위한 접근법

지역의 사회 구조를 파악하고, 구성원들과 함께 기존 작품과 새로운 작품 모두를 평가하는 기준을 명확히 하라. 사람들을 모으기 전에 예술 행사의 다음과 같은 측면을 확인하라.

요소: 공간, 재료, 참여자, 시간별 구성, 공연 특징, 감정, 내용, 주제 그리고 공동체 가치 등이 어떻게 작품에 활용되었는지 포함되어야 한다.

목적: 여기에는 교육, 동기 부여 등이 포함된다.

사람: 평가 과정에 참여할 사람들로, 이들은 다양한 요소를 판단하는 데 필요한 지식, 기술 및 존중의 태도를 가져야 할 것이다. 또한 다양한 연령대와 사회적 그룹을 포함하면 좋다.

평가 대상: 핵심 활동 내용과 논의에 필요한 참고 사항을 제공하는 모든 자료. 이는 기억에만 의존하여 배타적으로 평가하지 않도록 한다. 평가 대상에는 노래 가사, 드라마 대본, 악보, 가면, 안무, 비디오와 오디오 기록 등이 포함된다.

당신이 선별한 사람들을 모으고 예술 작품을 전시하거나 설명하라. 그리고 다음 단계를 따르라.
1. 창작이 잘 이뤄진 측면을 함께 **파악하라**
2. 사람들이 받아들인 의미가 무엇인지, 작품이 얼마나 장르에 맞게 만들어졌는지, 공동체를 얼마나 잘 드러내고 있는지 그리고 작품이 의도했던 목적을 성취했다고 생각하는지 **논의하라**.
3. 평가를 토대로 창작자들이 더욱 나은 작품을 만들 수 있도록 **격려하라**.

<자료 13> 효과적인 평가를 위한 접근법

단계 7

창작 활동의 지속 가능성을 모색한다

우리는 하나님 나라를 위해 창작된 새로운 예술 작품이 한 번 만들어지는 데 그치지 않고 거듭해서 재생산되기를 바란다. 따라서 향후 지속 가능성을 위한 계획은 필수적이다. 새로운 노래나 춤, 조각 기법 등을 어떻게 가르쳤는지 공동체와 함께 생각해 보는 것이 좋은 시작일 수 있다. 가능하다면 이와 같은 전수 방법이 향후 계획에 포함되어야 한다. 또 지속적인 창작 활동을 위해 공동체 구성원들이 워크숍이나 작품 의뢰와 같은 창의성 자극 활동을 반복해서 할 수도 있다. 무용 협회나 문학 동아리와 같이 이미 활동 중인 사회 조직 또한 지속적인 창작 동기를 가지고 있을 것이다. 혹은 공동체에서 새로운 그룹을 조직하여 하나님 나라를 위해 창작하는 구성원들을 지원할 수 있다.

당신이 '지역 예술 공동창작' 과정을 따랐다면, 지속 가능성 모색에 관한 더 이상의 설명은 필요 없을 것이다. 왜냐하면 좋은 일을 지속하기 위한 가장 중요한 길은 가장 올바른 방식으로 시작하는 것이기 때문이다. 이 '지역 예술 공동창작' 과정은 당신이 공동체 구성원들과 관계를 맺고 그들이 창작에 참여하도록 독려한다. 또한 예술가들을 알아 가고 그들의 가치를 인정하며 소중히 여기고, 함께 창작 활동 계획을 세우며, 주요 예술가들과 결정권자들을 포함해 공동체 모든 구성원이 창조성 자극 활동에 참여하여 예술 창작품을 만들고 이를 더욱 발전시켜 나가도록 돕는다.

창작 활동을 지속할 방법과 관련해 몇 가지 조언을 제시한다. 이 지침들을 숙고하다 보면 때로는 상반되는 방향으로 작용한다는 사실을 깨닫게 될 것이다. 인생이란 그런 것이다. 하지만 공동체가 하나님의 말씀을 듣고 지혜가 자란다면, 그들은 잘해 나갈 것이다.

공동체가 의도적인 창조 습관을 만들도록 격려하라

이 매뉴얼에서 제시한 단계 1부터 7까지의 공동창작 과정을 다시 반복하라. 지역 공동체가 이 과정을 여러 번 거듭할수록 구성원들의 삶에 더 익숙하고 정기적인 과정으로 자연스럽게 스며들 것이다.

하나님 나라에 특별하게 기여할 여러 예술을 지속적으로 장려하라

세계화, 도시화, 선교 활동, 전쟁 등 여러 요소가 소수 민족 공동체의 예술 형식들을 평가 절하하고 관심을 축소시키곤 했다. 하지만 요한계시록 21장의 마지막은 모든 문화 요소가 천국에서도 지속될 것임을 암시한다. 우리가 모두 똑같은 방식으로 노래하고, 춤추고, 연기하거나, 그림을 그리고, 설교하고, 가르친다면, 하늘과 땅 위 전 세계 모든 교회를 피폐하게 만들 것이다. 그러므로 세계적인 유행이 반드시 하나님의 계획이라 생각할 이유가 없다. 오히려 하나님께서 창조하신 다양성을 경험하는 일은 하나님을 더 깊이 알아 가는 데 도움을 준다.

가장 소외된 예술을 지속적으로 장려하라

우리는 소외된 예술가들과 그들의 예술에 대해 특별히 관심을 기울여야 한다. 그곳에도 하나님의 형상이 있기 때문이다.

 번성할 가능성이 가장 높은 예술을 지속적으로 활용하도록 장려하라.
새로운 창조적 결과는 공동체 내에 긍정적인 변화를 만들어 낼 것이다. 그래서 들불같이 번지는 혁신은 위대한 일이 될 수도, 위대한 일을 할 수도 있다.

 예수님의 기도를 이루기 위해 계속 기도하고 도우라.
예수께서 우리에게 다음과 같이 기도하고 행동하라고 가르치셨다.
"하늘에 계신 우리 아버지여, 이름이 거룩히 여김을 받으시오며, 나라가 임하시오며, 뜻이 하늘에서 이루어진 것같이 땅에서도 이루어지이다"(마6:9-10). 당신의 공동체는 여러 방식으로 창작을 지속해 나가며, 상상 이상의 방법으로 하늘과 땅을 연결하게 될 것이다!

요약 1

공동체 예술 분석표(CAP) 개요

민족예배학 핸드북과 CLAT 매뉴얼을 위한 웹사이트[16] 는 매뉴얼을 활용해 온 활동 결과를 기술하고 데이터를 축적해 온 공간이다. 이 공간은 기본적으로 매뉴얼의 여러 부분을 반복적으로 언급하기 때문에 당신의 활동 결과가 어디에 해당되는지 알 수 있다.

다음은 공동체 예술 분석표 목차의 예제이다. <공동체 이름> 부분에 당신이 함께 일하고 있는 공동체 이름을 넣을 수 있으며, 공동체 예술 분석표의 구조나 항목, 내용을 당신의 상황에 맞게 자유롭게 수정할 수 있다.

<공동체 이름_____>

예술 지원 활동가 이름: _____
주요 활동 수행 날짜: _____

요약된 계획과 활동 및 결과

- 완료된 '지역 예술 공동창작' 과정
- 조사한 장르와 행사 목록

---

16) https://www.worldofworship.org/ethnodoxology-handbook-manual

'지역 예술 공동창작' 과정: <하나님 나라의 목적 _____>에 따른 <단계 _____>

단계 1: 지역 공동체와 그들의 예술 장르를 이해한다
- 지역 공동체를 훑어보라.
- 공동체의 예술을 훑어보라.
- 공동체의 목표를 훑어보라.
- 지역 공동체의 사회적 맥락을 연구하라.
- 이 단계의 결과와 도전 과제를 요약하라.

단계 2: 하나님 나라의 목표를 구체화한다
- 공동체가 하나님 나라의 목표를 발견하도록 도우라.
- 현재 집중할 하나 혹은 두 가지 목표를 기술하라.
- 이 단계의 결과와 도전 과제를 요약하라.

단계 3: 예술 장르와 목표를 연결한다
- 효과, 내용, 장르, 행사 등에 대한 논의 과정을 설명하라.
- 효과, 내용, 장르, 선택한 행사를 정리하여 나열하라.
- 이 단계의 결과와 도전 과제를 요약하라.

단계 4: 장르와 행사를 분석한다
- 어떤 조사와 연구를 할지 결정하라.
- '예술 장르들에 대한 설명'에 결과를 입력하고 연구하라.
- 이 단계의 결과와 도전 과제를 요약하라.

단계 5: 창작 활동을 통해 창조성을 자극한다
- 익숙한 창작 방법을 설명하라.
- 극대화할 기회와 극복해야 할 장벽을 확인하라.
- 예술적 활동 유형을 결정하라.
- 새로운 예술 활동을 만들거나 기존의 작품을 수정하여 공동체가 목표를 이룰 수 있도록 도우라.
- 창작 활동을 실행하라.
- 이 단계의 결과와 도전 과제를 요약하라.

단계 6: 창작 활동 결과를 개선한다
- 평가와 개선 방법을 선택하고 수정하라.
- 평가와 개선 방법을 실행하라.
- 이 단계의 결과와 도전 과제를 요약하라.

단계 7: 창작 활동의 지속 가능성을 모색한다

– 무엇을 지속적으로 통합하고 기념할지 선택하라.

– 좋은 부분을 지속할 실행 방법을 계획하라.

– 이 단계의 결과와 도전 과제를 요약하라.

예술 장르에 대한 설명: ⟨ 장르 이름_____⟩

A. 행사 분석: 행사 이름_____
– 간략한 설명

– 행사 '전체 관찰'

– 7 렌즈를 통한 행사 이해

B. 행사의 예술적 측면
– 음악

– 드라마

– 무용

– 구술 언어 예술

– 시각 예술

– 행사의 형식적 요소 간 상호 연관성

C. 행사의 광범위한 문화적 맥락
– 예술가

– 창조성

– 언어

– 전승과 변화

– 문화적 역동성

– 정체성과 권력

– 미적 기준

– 시간

– 감정

– 주제

– 공동체 가치의 발현

– 공동 투자

D. 기독교 공동체가 넓은 의미의 교회 및 문화적 맥락과 어떻게 예술적으로 연관되는지 탐구하라

〈 교회 이름 _____ 〉

- 교회 공동체가 사용하는 예술을 정리하라.
- 그 교회 공동체가 사용하고 있는 예술과 주변 공동체의 예술을 비교하라.
- 현재 교회 공동체가 예술을 통해 공동체의 목표를 어떻게 성취하고 있는지 평가하라.
- '지역 예술 공동창작' 매뉴얼에서 적용 가능한 수단들,
  특히 주요 예술과 관련된 설문(heart arts questionnaire) 및 예배 원리(worship wheel)[17] 등을 적용하라.
- 성경적인 원리를 활용하여 예배 모임을 평가하라.
- 다문화 기독교 공동체의 예술을 평가 및 분석하라.
- 성경를 잘 해석하라.

---

17) 관련 자료는 민족예배학 핸드북, Worship and Mission for the Global Church: An Ethnodoxology Handbook (William Carey Library, 2013)을 참고하라.

요약 2

주요 결정 요약문 (Summary Decision Rubric)

이 형식은 단계 1, 2, 3을 통해 공동체가 결정한 내용을 간결하게 기술하는 데 도움이 될 것이다.

_____은/는 우리 공동체가
_{공동체 이름}

_____을/를 향해 나아가도록 돕고
_{선택한 하나님 나라의 목표}

_____을 일으키기 위해
_{사람들에게 미칠 영향}

_____을/를 가진
_{내용}

_____을/를 기반으로
_{장르명}

_____을/를 준비할 것이다.
_{행사명}

요약 3

'지역 예술 공동창작'(CLAT) 요약

지역 공동체와 그들의 예술 장르를 이해한다
공동체에 있는 예술적, 사회적 자원들을 탐구하라.

하나님 나라의 목표를 구체화한다
공동체가 추구하기를 원하는 하나님 나라의 목적을 발견하라.

예술 장르와 목표를 연결한다
공동체가 목적을 이루는 데 적합한 예술 장르와 활동을 선택하도록 하라.

장르와 행사를 분석한다
행사 전반 및 폭넓은 문화 맥락 속 예술 형식에 관하여 기술하라. 예술 형식에 대한 상세한 지식은 창조성을 자극하는 데 결정적이다. 이것은 향상된 결과를 만들어 내는 데 중요할 뿐 아니라 새로운 작품이 공동체에 흡수되는데 필수적이다.

창작 활동을 통해 창조성을 자극한다
공동체가 선택한 장르와 행사를 통해 창조성을 불러일으키는 활동을 하도록 하라.

창작 활동 결과를 개선한다
공동체가 창조성 자극 활동의 결과를 평가하고 더 나은 결과를 만들도록 하라.

창작 활동의 지속 가능성을 모색한다
새로운 창조적 활동이 지속될 수 있는 방법을 계획하고 실천하라. 신구 예술이 동시에 실행될 수 있는 더 많은 상황을 찾아야 할 것이다.

www.ingramcontent.com/pod-product-compliance
Lightning Source LLC
Chambersburg PA
CBHW080225100526
44583CB00020BA/2680